Klaus Aurnhammer

Etwas von dir bleibt

Klaus Aurnhammer

Etwas von dir bleibt

Was ich als Sterbebegleiter
über das Leben gelernt habe

Bibliografische Information der Deutschen Nationalbibliothek
Die Deutsche Nationalbibliothek verzeichnet diese Publikation in der Deutschen Nationalbibliografie.
Detaillierte bibliografische Daten sind im Internet über http://d-nb.de abrufbar.

Für Fragen und Anregungen
info@mvg-verlag.de

Originalausgabe
1. Auflage 2020
© 2020 by mvg Verlag, ein Imprint der Münchner Verlagsgruppe GmbH
Nymphenburger Straße 86
D-80636 München
Tel.: 089 651285-0
Fax: 089 652096

Alle Rechte, insbesondere das Recht der Vervielfältigung und Verbreitung sowie der Übersetzung, vorbehalten. Kein Teil des Werkes darf in irgendeiner Form (durch Fotokopie, Mikrofilm oder ein anderes Verfahren) ohne schriftliche Genehmigung des Verlages reproduziert oder unter Verwendung elektronischer Systeme gespeichert, verarbeitet, vervielfältigt oder verbreitet werden.

Vermittelt durch die Agentur Altepost 2015, Klaus Altepost, D-48477 Hörstel.

Redaktion: Silke Panten
Umschlaggestaltung: Pamela Machleidt
Umschlagabbildungen: istockphoto/creatOR76
Satz: Röser Media, Karlsruhe
Druck: GGP Media GmbH, Pößneck
Printed in Germany

ISBN Print 978-3-7474-0106-4
ISBN E-Book (PDF) 978-3-96121-451-8
ISBN E-Book (EPUB, Mobi) 978-3-96121-452-5

Weitere Informationen zum Verlag finden Sie unter

www.mvg-verlag.de

Beachten Sie auch unsere weiteren Verlage unter www.m-vg.de

Ich widme dieses Buch
meinen »Reanimateuren«

Inhalt

Wo ich arbeite? Auf einer Palliativstation 9

Hinschauen und die richtige Perspektive einnehmen 17

Offen sein für das Schicksal 35

Die liebsten Menschen teilhaben lassen 41

Die eigenen Gefühle erkunden und trauern lernen............ 63

Die Hoffnung nähren.. 77

Hilfe und die eigene Krankheit annehmen 91

Die eigene Geschichte neu schreiben 107

Auf das eigene Leben zurückblicken........................ 121

Leid erkennen und lindern 129

Die Verdrängung überwinden und einsichtig werden 137

Die Macht liebender Erinnerung erkennen 151

Perspektiven entwickeln.................................... 157

Die Kraft des Humors 171

Glaube kann tragen 175

Entscheidungen treffen..................................... 183

Sich verabschieden 193

Was hat sich verändert in meinem Leben? 201

Epilog 209

Danksagung.. 216

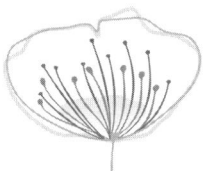

Wo ich arbeite?
Auf einer Palliativstation

Ich bin Diplom-Theologe und Krankenpfleger und arbeite seit über 28 Jahren auf einer Palliativstation im Saarland. Eine Palliativstation ist eine besondere Station in einem Krankenhaus. Dort werden Menschen aufgenommen und behandelt, die unheilbar erkrankt sind. Meist sind das Tumorpatienten. Nun sind Tumore, auch bösartige, ja grundsätzlich heilbar. Die onkologische Therapie hat sich in den letzten Jahren rasant entwickelt und stellt gute, vor allen Dingen auch verträgliche Therapien zur Verfügung. Vor 50 Jahren war die Diagnose »Krebs« meist ein Todesurteil. Das ist heute nicht mehr so. Allerdings gibt es Tumoren, die vielleicht schon Metastasen an anderen Stellen des Körpers gebildet haben. Ein Lungentumor metastasiert gerne in die Knochen oder ins Hirn. Dann ist die Situation eine grundlegend andere. Die Ärzte sagen in solchen Fällen zu Recht: Dieser Mensch ist unheilbar erkrankt. Man kann den Betroffenen immer noch verschiedene Therapien anbieten, von einer Operation über eine Bestrahlung bis hin zur Chemotherapie oder einer modernen Antikörpertherapie. Manchmal empfehlen Ärzte auch eine sinnvolle Kombination dieser Möglichkeiten. Aber gesund wird dieser Mensch dann nicht mehr. Seine Lebenszeit ist definitiv begrenzt. Wie lange er noch leben wird, kann niemand sagen; es können Tage, Wochen, Monate, manchmal auch Jahre sein.

Wenn nun solch ein Tumor, mit welcher Therapie auch immer der Betroffene behandelt wurde, weiterwächst, was er irgendwann tun wird, dann entwickeln sich Krankheitszeichen aller Art, von denen in diesem Buch auch die Rede sein wird. Und genau hier setzt die Palliativmedizin an. Der Name stammt aus dem Lateinischen. »Pallium« heißt wörtlich »Mantel«. Die Palliativmedizin versucht dann gemeinsam mit dem Erkrankten, lindernde Maßnahmen zu finden und einzusetzen, die die Situation des Kranken tatsächlich verbessern. Um im Bild des Wortursprungs zu bleiben: Ein Palliativmediziner sucht nach einem schützenden Mantel, den er dem Kranken anbietet.

Auf solch einer Station arbeite ich in einem Team aus Ärzten, Pflegenden und anderen Therapeuten als Seelsorger. Ich bin also Teil einer schützenden und lindernden Therapie. Manche halten ein solches Arbeitsfeld vielleicht für schrecklich. »Da könnte ich nie arbeiten«, höre ich oft, wenn ich nach meiner Arbeit gefragt werde. Viele Menschen denken spontan, dass auf einer Palliativstation alle furchtbar traurig oder wütend oder depressiv wären. Das ist nicht so. Der Mensch ist ein hoffnungsbegabtes Wesen und richtet sich eigentlich immer nach vorne aus. Hoffnung ist immer, das werden wir später noch ausführlicher sehen, eine große Kraft für viele Menschen. Und daher gibt es auf einer Palliativstation das ganze Spektrum menschlicher Regungen und Handlungen. Natürlich sind Menschen immer wieder traurig, dass das Leben zu Ende geht. Manche sind auch wütend oder entsetzt, aber bei anderen blitzt ihr Humor auf oder ihre Dankbarkeit dem Leben und den Liebsten gegenüber.

Wie kommt man als Theologe auf eine solche Station? Bei mir war das so: Ich bin in der Nähe von Münster aufgewachsen und habe dort Theologie studiert. Priester wollte ich nie werden. Aber ich hatte Freunde, die bereits Theologie studierten. Die motivierten mich, das auch zu tun. Ich war damals stark in die Jugendarbeit einer Pfarrei eingebunden. Und so wollte ich nach meinem Studium in die Jugendarbeit gehen, als Pastoralreferent des Bistums Münster. Damals musste man sich einem sogenannten Bewerberkreis anschließen. Tapfer tat ich das. Aber, was soll ich sagen, diese Runde war so grottenschlecht, dass ich mich dort verabschiedete. Münster ade. Und was jetzt?

Nun, ich wusste mir zu helfen. Schon als junger Student hatte ich durch eine Jugendfreundin die Franziskanerinnen von Waldbreitbach in der Nähe von Neuwied kennengelernt. Dieser Orden unterhielt schon damals eine Reihe von Krankenhäusern und Altenheimen in Rheinland-Pfalz und im Saarland. Dort hatte ich in Studienzeiten regelmäßig verschiedene Kurse belegt: Meditation, Heilfasten, Wanderexerzitien. In einem der Jahre nahm ich an einem Kurs teil, der Theologen für die Arbeit in der Krankenhausseelsorge vorbereiten sollte. Wir waren zu fünft und besuchten Menschen in einer Lungenfachklinik und in der Psychiatrie. Wir lernten Gottesdienste zu halten und zu predigen. Unsere Besuche wurden in der Gruppe ausgewertet. Das machte mir Spaß. Also telefonierte ich mit einer Schwester des Ordens, die mich gut kannte. Die vermittelte mir dann tatsächlich einen Termin mit der Generaloberin, Schwester Claudia.

Da saß ich nun, Mitte 20, grün hinter den Ohren, noch nicht mal fertig mit dem Studium.

»Herr Aurnhammer, meine Mitschwester hat mir erzählt, dass Sie sich in dem Seelsorgekurs wacker geschlagen hätten. Was ist denn Ihr Anliegen?«

»Nun, ich denke, ich möchte in die Krankenhausseelsorge gehen. In Münster wird das nichts, aber ich weiß, dass Ihr Orden ungewöhnliche Wege geht, also wollte ich Sie fragen, ob Sie Interesse an mir hätten?«

»Herr Aurnhammer, Sie sagen, Sie wollen ins Krankenhaus. Wenn Sie ›Krankenhaus‹ wollen, dann sollten Sie ›Krankenhaus‹ auch kennen.«

Das klang einleuchtend. »Alles klar, aber wie mach ich das?«

»Ganz einfach, Sie machen eine Krankenpflegeausbildung. Und ich weiß sogar schon ein Krankenhaus, in das ich Sie schicken kann.«

Ich war wirklich erstaunt, die Schwester war gut vorbereitet, sie hatte tatsächlich schon einen Plan entwickelt. Also zogen meine Frau Anette und ich nach dem Studium nach Bitburg in die Eifel, damit ich eine Krankenpflegeausbildung machen konnte. Dort lernte ich das Krankenaus gründlich und von innen kennen. Mein Wunsch, Krankenhausseelsorger zu werden, verfestigte sich. Nach drei Jahren folgte 1990 das nächste Gespräch mit Schwester Claudia.

»Herr Aurnhammer, Sie haben die Ausbildung bestens abgeschlossen. Eigentlich wollte ich Sie nach St. Wendel ins Saarland schicken, die machen ganz gute Projekte, aber nun habe ich jüngst eine Anfrage vom Bundesgesundheitsministerium bekommen. Die wollen in jedem Bundesland eine Palliativstation einrichten. Und für das Saarland habe ich mir das St.-Michael-Krankenhaus in Völklingen im Saarland ausgesucht. Stellen Sie sich da mal vor, ich habe Sie bereits angekündigt.«

Das gefiel mir: Sie machte Nägel mit Köpfen. Ich sprang ins Auto und fuhr nach Völklingen. Wir schrieben das Jahr 1991. Als ich durch die Stadt fuhr, bekam ich zunächst einen Schrecken. Die alte Völklinger Hütte hatte erst jüngst die Arbeit eingestellt. Die Häuser sahen schrecklich aus: Ruß, Ruß, Ruß. Hier sollten wir wohnen? Niemals. Anette hätte mich geköpft. Gott sei Dank gelang es dem Krankenhaus schnell, für uns eine Wohnung außerhalb zu finden. Acht Kilometer weit weg, in einem Wald gelegen, fanden Anette, unser mittlerweile geborener Sohn Simon und ich unsere erste Bleibe. Ich wurde freigestellt, um ein Konzept zu erstellen und ein Team zu bilden. Ich reiste nach Bonn, dem damaligen Mekka der Palliativmedizin. Die Palliativmedizin war in den 1990er-Jahren in Deutschland ein echtes Stiefkind. In England, dem Mutterland der Palliativmedizin, war schon in den 1960er-Jahren das erste moderne stationäre Hospiz entstanden. Entsprechend hatte sich dort dieser neue Zweig der modernen Medizin bereits gut etabliert. Aber in Deutschland gab es damals tatsächlich nur zwei Palliativstationen mit insgesamt zehn Betten. Und es gab genau ein stationäres Hospiz. Zum Vergleich: Heute gibt es mehrere Hunderte Palliativstationen und genauso viele stationäre Hospize. Das ist ein Segen für viele Erkrankte und deren Familien. In Bonn lebte ich vier Wochen und lernte Monika, die Leiterin der dortigen Palliativstation, kennen. Monika wird im Verlauf dieses Buches noch eine wichtige Rolle spielen. Wir freundeten uns an und entwickelten im Laufe der nächsten Jahre verschiedene Projekte. Als ich dann krank wurde (dazu später mehr), war sie vor allem für Anette in der ersten Zeit eine unendlich wichtige Unterstützerin und Begleiterin. Ihre Tipps am Telefon waren wohltuend, bestärkten Anette im Umgang mit dem Intensivpersonal und ermutigten sie. In Bonn habe ich unendlich viel von den Kolleginnen und Kollegen gelernt. Vieles konnten wir dann in Völklingen umsetzen.

Was genau macht nun ein Seelsorger auf der Palliativstation? Zugegeben: Auf einer Palliativstation sind selten fromme Sprüche gefragt, ich bin also nicht einfach für das Beten und das Bibelvorlesen zuständig. Natürlich bete ich immer wieder mit Patienten oder mit Angehörigen, sofern dies gewünscht ist. Das tut allen Beteiligten gut. Gefragt sind aber andere Eigenschaften: zuhören können, sich einfühlen, verstehen, Zusammenhänge des Lebens miteinander erkunden, Perspektiven entwickeln.

Mit diesem Buch will ich Sie mitnehmen auf eine Reise zu unterschiedlichen Themen, die mir bei der Arbeit immer wieder begegnen. Ich will Ihnen einige Menschen vorstellen, ihre Geschichte erzählen und deutlich machen, wie sie mit ihrem Schicksal umgegangen sind. Zugleich möchte ich erzählen, was diese Geschichten mit mir selbst und meiner eigenen Krankengeschichte zu tun haben und wie sie mir beim Umgang mit meiner eigenen Krankheit geholfen haben. Ja, auch meine eigene Krankheitsgeschichte ist Teil dieses Buches. Ich erlitt einen Herzinfarkt und musste eine halbe Stunde lang reanimiert werden. Die Folge: ein ausgeprägter Hirnschaden, der mich aus dem gewohnten Leben regelrecht herausriss. Ich werde meine eigenen Erfahrungen als Erkrankter verweben mit den Geschichten der

Menschen, denen ich auf der Palliativstation begegnet bin. Denn ich konnte vieles von meinen Patienten lernen, was auch für mich und meinen Umgang mit meiner eigenen Krankheit wichtig war. Offenzubleiben empfand ich als besonders hilfreich. Auch ich musste eine gewisse Offenheit erst lernen. Mit dieser Offenheit gelang es mir dann auch, neue Perspektiven zu entwickeln. Wenn auch Sie schon einmal eine ernste Lebenskrise durchlebt haben, dann möchte ich Ihnen gerne sagen: »Schauen Sie hin und entwickeln Sie Ihre eigene, vielleicht ganz neue Perspektive.« Hinzuschauen lohnt sich immer. Es fördert den eigenen Entwicklungsprozess.

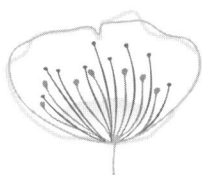

Hinschauen und die richtige Perspektive einnehmen

Frau Tetens hat Brustkrebs. Vor einigen Jahren wurde sie operiert, jetzt sind an verschiedenen Stellen in ihrem Körper Metastasen gewachsen. Sie hat Schmerzen, die mit einer Schmerzpumpe einigermaßen in Schach gehalten werden. Manchmal klagt sie über Schwindel und Übelkeit.

Bereits in unserem ersten Gespräch ist sie erstaunlich offen, sie redet von ihrer Situation, die sie klar erfasst hat. Wir sprechen über das Sterben, das gelebte Leben, ihre Kinderlosigkeit in ihrem Lebensentwurf.

»Leider habe ich nie Kinder bekommen, das ist schade, dabei bin ich doch Lehrerin gewesen.«

»Wie war das denn für Sie, ohne Kinder Ihr Leben gestalten zu müssen?«, frage ich sie.

»Am Anfang hat mir das viel ausgemacht, ich war oft traurig. Aber mit meinem Mann konnte ich immer wieder darüber reden, das hat doch sehr geholfen. Und nun bin ich, wie sagt man, ausgesöhnt damit. Es ist halt so gekommen. Ich habe gelernt, damit umzugehen, wissen Sie …«

»Frau Tetens, ich höre daraus, dass Sie sich schon damals ganz offen einer schwierigen Situation gestellt haben. Sie haben sich nicht weggeduckt, und Sie klingen auch nicht wie jemand, der das Hadern als Motto lebt oder sich in der Warum-Frage verliert. Das finde ich bemerkenswert und wirklich hilfreich. Wahrscheinlich wird diese Begabung, genau hinzuschauen, Ihnen auch jetzt helfen.«

»Sie haben Recht, ich erlebe das auch als hilfreich«, antwortet sie. »Aber es gab damals, als es um unsere Kinderlosigkeit ging, sogenannte Freunde, die einfach kein Verständnis für uns hatten. Die wollten uns zu allem Möglichen drängen, die waren einfach nicht bei uns. Und auch jetzt ist das in unserem Freundeskreis so. Es gibt die wirklich guten Freunde, die mit uns offen auf das schauen, was da gerade passiert, und es gibt die, die das überhaupt nicht wahrhaben wollen. Die drängen uns dann in eine Ecke, die uns nicht guttut. Mein Mann und ich haben uns schweren Herzens von diesen Menschen getrennt. Wir setzen lieber auf die, die, so wie wir, offen mit der Situation umgehen. Die sind uns eine kraftvolle Stütze, weil wir uns auf sie wirklich verlassen können. Die reden nicht nur, die sind schlicht da. Und das tut gut.«

»Das kann ich mir gut vorstellen«, stimme ich ihr zu. »Ich glaube, dass sich in solch brenzligen Lebenslagen sozusagen die Spreu vom Weizen trennt. Sie wissen jetzt, auf wen Sie sich nicht verlassen können, aber Sie wissen eben auch, wer Sie auf Ihrem Weg fördert. Das ist ja auch eine hilfreiche Erkenntnis, oder?«

»Das haben Sie gut formuliert, das mit der Spreu und dem Weizen, das gefällt mir. Das werde ich meinem Mann nachher erzählen.«

Wir führen im Laufe der Zeit eine Reihe von Gesprächen, die immer wieder da anknüpfen, wo wir zuletzt aufhörten. Ich erfahre Dinge, die die Ärzte und Pflegenden nicht hören. Frau Tetens hat sogar den Mut, mit mir über ihre Meinung zur Euthanasie zu sprechen.

»Herr Aurnhammer, ich möchte mit Ihnen mal ein heikles Thema ansprechen«, beginnt sie zurückhaltend und doch enorm reflektiert. »Sie wissen, ich bin Lehrerin, auch im Pensionsalter bleibt man das ja. Da bin ich gewohnt zu sagen, wo es langgeht. Ich mache die Ansagen, sonst keiner. In Deutschland ist ja alles so wunderbar geregelt, aber wenn es darum geht, ob man selbstbestimmt sterben darf, dann gibt es harte Grenzen. Eigentlich finde ich nicht gut, dass es bei uns in Deutschland keine Regelung wie in Holland gibt. Die Karte würde ich gerne ziehen.«

In den Niederlanden, aber auch in Belgien ist die Gesetzeslage so, dass ein Arzt auf Wunsch eines unheilbar kranken Menschen ihm alle lebenserhaltenden Maßnahmen entziehen und ihn so töten darf. »Tötung auf Verlangen«, heißt das dort. Der Arzt muss lediglich einige Sorgfaltskriterien prüfen, etwa: Ist die Entscheidung selbstbestimmt? Ist die Situation wirklich palliativ? Es findet keine externe Prüfung einer anderen Instanz statt. Sind sämtliche Kriterien erfüllt, darf der Arzt im Einvernehmen mit dem Kranken diesen töten.

Ich frage Frau Tetens: »Sie würden sich tatsächlich töten lassen?«

»Ich glaube schon. Wenn das Leid so groß würde, dass ich es nicht mehr aushalten könnte, dann wäre das doch ein guter Weg, oder?«

»Wie ist es denn jetzt mit Ihrem Leid, ist es auch jetzt schon unaushaltbar?«

»Nein, im Moment geht es mir sogar gar nicht schlecht, ich würde nur gerne diese Option haben.«

»Frau Tetens, Sie liegen ja nun auf einer Palliativstation. Und unsere Aufgabe ist es, die Beschwerden, also das Leid der kranken Menschen zu lindern. Dabei orientieren wir uns natürlich an dem, was die Betroffenen wollen. Und ich gebe Ihnen die Zusage, dass wir mit Ihnen gemeinsam immer nach Lösungen suchen werden, die Ihrem Wohl und Willen dienen.«

Damit ist Frau Tetens einverstanden. Nach drei Wochen Aufenthalt wird sie in ein stationäres Hospiz verlegt. Ein stationäres Hospiz nimmt Menschen auf, die nur noch wenige Zeit zu leben haben. Dort werden sie pflegerisch und medizinisch gut versorgt. Im Hospiz besuche ich sie nach einigen Tagen.

»Wie geht es Ihnen hier?«, frage ich sie, als ich ihr Zimmer betrete.

»Ach wissen Sie, es sind hier alle sehr nett und liebevoll. Die Schwestern fragen, wie es mir geht, erkundigen sich nach meinen Wünschen und tun alles, damit es mir gut geht. Wissen Sie was? Die haben hier eine riesige Badewanne mit einem Lifter.

Sie müssten den Raum mal sehen. Ein Künstler hat ihn wunderbar bunt gestaltet. Gestern habe ich's mal gewagt.« Sie strahlt förmlich, während sie mir dies erzählt.

»Und, wie war es?«

»Göttlich, so einen Genuss hatte ich schon lange nicht mehr. Ich glaube, es war eine gute Entscheidung, hierherzukommen. Und noch etwas muss ich Ihnen sagen. Das mit der aktiven Sterbehilfe habe ich erst einmal nach hinten geschoben. Mir geht es hier gut.«

Ich hatte den Eindruck, dass Frau Tetens mit ihrem Leben zufrieden war. Sie konnte in Ruhe sterben.

Was lernte ich von dieser tapferen Frau? Es lohnt sich ganz offensichtlich, hinzuschauen auf die eigene Situation, so misslich sie auch ist. Diese Fähigkeit ist immens hilfreich. Das erlebte ich selbst von Anfang an. Als ich 2016 einen Herzinfarkt beim Radfahren erlitt und eine halbe Stunde reanimiert werden musste, half mir diese Fähigkeit, offen auf das zu schauen, was Sache ist. Ich hätte auch den Kopf in den Sand stecken können, nach dem Motto: »Was ich nicht sehen will, ignoriere ich.« Aber wo hätte das hingeführt? Ins Verdrängen. Ich hätte nie meinen Genesungsprozess mitgestalten können. Ich wäre handlungsunfähig geworden. Menschen wie Frau Tetens haben mir Mut gemacht, eben sehr genau und offen hinzuschauen, was mir da Unfassbares passierte. Und wie Frau Tetens erfuhr auch ich, dass Menschen in dieser Situation der Krise auf ihr Berufsleben zurückblicken und daraus für ihr weiteres Leben lernen können.

»Papa«, sagt mein Sohn Lukas im Schwimmbad zu mir, »du bekommst jetzt von mir einen neuen Namen. Ab heute bist du nicht mehr ›Brezelhirn‹, ab heute heißt du ›Theraboy‹!«

Ich bin Ende 50, Lukas ist 27. Wie kommt er auf diese absurden Namensgebungen? »Brezelhirn« zum eigenen Vater zu sagen ist doch gewiss etwas gewagt. Und »Theraboy«? Das klingt nach »Superman« oder »Superboy«, Heldengeschichten also von Menschen mit besonderen Kräften. Aber die hatte ich nicht, ich bin ja keine Comicfigur. Der Spitzname »Theraboy« war nur ein weiterer Spitzname für den kranken Papa. Aber ich glaube, wir müssen die Zeit ein wenig zurückschrauben.

Alles begann damit, dass ich eines Tages wie aus dem Nichts sozusagen »aus dem Leben gefallen« bin. Ein halbes Jahr vor unserem gemeinsamen Schwimmbadbesuch, es war Mai, besuchten meine Frau Anette und ich Lukas in Freiburg, wo er seit einigen Jahren lebte und arbeitete. Er hatte Sport studiert und eine Anstellung als Trainer in dem renommiertesten Fitnessclub Freiburgs gefunden. Zwei- bis dreimal im Jahr besuchten wir Lukas für ein Wochenende. Es waren unsere kleinen Kurzurlaube. Lukas hatte immerhin den Schwarzwald vor der Haustür. Oft unternahmen wir Wanderungen, tappten bei Nebel auf dem Feldberg herum, wobei wir uns einmal fast verlaufen hätten. Der Wettergott hatte heute ein stabiles Hoch geschickt, sodass Anette und ich die Fahrräder auf den Fahrradträger schnallten. Unser Plan war gewesen, mindestens eine Radtour miteinander zu machen. Radfahren macht uns allen Spaß und Anette und ich hatten uns ein Jahr zuvor E-Bikes gekauft. So, dachten wir, können wir wenigstens mit unserem sportlichen Sohn mithalten.

Wir hatten uns die sogenannte Kaiserstuhlrunde ausgesucht, eine nicht zu lange, aber mit einigen giftigen Anstiegen versehene Strecke von etwas über 50 Kilometer. Wir waren bereits etliche Kilometer gefahren und es wurde Zeit für eine kleine Rast.

»Lass uns Pause machen«, sagte Anette.

Wir suchten uns einen Platz im Tal in der Nähe eines Unterstandes. Wir stellten die Räder ab und kramten Wasser und einige Äpfel aus unseren Rucksäcken.

»Wie fahren wir denn weiter?«, fragte Anette, während wir unser kleines Picknick beendeten.

»Ich will noch ein wenig trainieren«, sagte ich. »Jetzt kommt ja ein steiles Stück. Fahrt ihr schon einmal vor, ich fahre ohne Motorunterstützung hinterher.«

Lukas und Anette schwangen sich auf die Räder und fuhren los. Ich wartete noch ein wenig, dann startete ich auch. Die Straße wurde recht schnell steil. Aber ich wollte ja, ehrgeizig wie ich bin, trainieren. Also legte ich alle Kraft in die Pedale. E-Bikes sind wunderbar, aber sie sind eben schwer, mit Motor und Batterie muss man sich schon anstrengen. Dann geschah etwas Unfassbares, an das ich mich aber leider nicht mehr erinnern kann. So etwa 200 Meter vor der Kuppe fiel ich vom Rad und landete eher sanft auf dem Grünstreifen. Was war passiert? Ganz einfach, aber unglaublich: Ich erlitt mit 56 Jahren einen Herzinfarkt. Wer mich kennt, weiß, das geht eigentlich nicht. Ich bin durchaus sportlich, fahre im Sommer immer mit dem Fahrrad zur Arbeit, ich bin eher schlank, böse Zungen sagen, ich sei mager. Ich ernähre mich einigermaßen gesund, rauche nicht und trinke mäßig Alkohol. Was soll da in diesem Alter ein Herzinfarkt? Unfassbar! Ich glitt also mehr, als dass ich stürzte, vom Rad und lag auf dem schmalen Grünstreifen. Das nächste Dorf war drei Kilometer hinter der Kuppe, da mussten Anette und Lukas schon längst sein. Misslich, sehr misslich. Leider konnte ich nicht um Hilfe rufen, ich war bewusstlos.

Ich hatte Glück, viele sprachen später auch von einem Wunder. Kaum lag ich da auf dem Rasenstreifen, kam ein Pärchen auf einem Roller vorbeigefahren. Die Rollerfahrerin entpuppte sich als Krankenschwester, und zwar nicht irgendeine Krankenschwester, nein: Sie arbeitete auf einer Intensivstation. Sie erkannte die Situation sofort und begann, mich nach allen Regeln der Kunst zu reanimieren. Gleichzeitig mit ihr war ein Auto herangefahren. Geistesgegenwärtig rief sie dem Fahrer zu: »Hören Sie, der Mann hier hat einen Herzinfarkt oder etwas genauso Schlimmes erlitten. Rufen Sie bitte sofort den Notarzt, den brauchen wir jetzt.«

Der Autofahrer griff sofort zum Handy und rief um Hilfe. Man muss wissen, ich lag da in der Pampa, fernab von allem. Der Krankenwagen würde sicher zehn bis 15 Minuten brauchen, um einzutreffen. Das ist eine lange, lange Zeit für ein Herz, das nicht mehr so recht schlagen will.

Die Krankenschwester kümmerte sich weiter um mich. Der Mann der Rollerfahrerin hatte die Ahnung, dass der bewusstlose Mann wohl nicht allein unterwegs gewesen war. Also fuhr er über die Kuppe hinunter zum Dorf, um nach anderen Radfahrern zu suchen. Unten fand er Anette und Lukas.

»Entschuldigen Sie, mein Name ist Heck. Sind Sie zu dritt mit dem Fahrrad unterwegs?«

»Ja«, sagte Anette, »wir warten auf meinen Mann.«

»Ihr Mann hatte kurz vor der Kuppe offenbar einen Unfall, er liegt dort im Gras, kommen Sie doch bitte so schnell wie möglich zurück.«

Anette und Lukas waren ziemlich erschrocken, konnten aber das Ausmaß dessen, was passiert war, noch gar nicht erahnen. Mein Herz stand still und wollte nicht so recht wieder anfangen zu schlagen. Eigentlich war ich tot.

Nun arbeite ich seit über 28 Jahren auf einer Palliativstation als Seelsorger. Natürlich kenne ich die einschlägige Literatur zum Thema Nahtoderfahrung. Eine interessante und hoffnungsfrohe Lektüre, wie ich immer fand. Aber, was soll ich sagen, da war für mich nichts, gar nichts: keine Engel, kein Licht, keine Tür, kein Tunnel. Nichts, einfach nichts! Im Nachhinein fast enttäuschend. Das wäre sicher das Sahnehäubchen gewesen. Ein Palliativseelsorger mit überlebter Reanimation, der allen erzählen kann, welch schönes Licht dort drüben auf uns wartet. Aber man kann im Leben ja nicht alles haben.

Keine zwei Minuten später kam noch ein Auto, eine junge Familie mit einem kleinen, etwa einjährigen Kind. Der Mann am Steuer entpuppte sich als: Arzt! Und zwar kein Handchirurg oder Zahnarzt, nein: Es war ein junger Kardiologe! Glück gehabt? Ein Wunder? Jedenfalls hat dieser Arzt immer eine vollgepackte Arzttasche im Kofferraum liegen mit allem Zipp und Zapp: Ambobeutel zum Beatmen, Braunülen, eine Infusion, und vor allem Medikamente für eine Reanimation. Sabine, die Krankenschwester und Dr. Haberer setzten die Reanimation fort.

»Frau Heck, ich lege dem Mann jetzt einen Zugang und spritze ihm etwas«, sagte der Arzt konzentriert zu Schwester Sabine. »Sie halten die Infusion hoch, während ich sein Brustbein bearbeite.«

»Mach ich, Herr Doktor.«

Sabine stand kerzengerade bei mir und hielt die Flasche hoch. Wenige Minuten später kam der Notarzt aus Freiburg. Dr. Bongers staunte nicht schlecht. Das hatte er auch noch nicht gesehen. Normalerweise liegen die Patienten bei seinem Eintreffen reglos am Boden und er muss die ersten Maßnahmen einleiten. Aber was war das? Da lag ein Mann zwar offensichtlich bewusstlos am Boden. Er hatte aber einen venösen Zugang. Und neben dem Mann stand eine Frau mit einer Infusionsflasche in der Hand. Das war doch immer sein Job. Und ein anderer Mann hatte mit der Reanimation begonnen.

»Was ist denn hier passiert?«, fragte Dr. Bongers verdutzt. »Wer sind Sie und was machen Sie denn da?«

Dr. Haberer und Sabine klärten ihn auf. Dr. Bongers reagierte zügig. »Vielen Dank, ab hier übernehme ich«, sagte er. Natürlich hatte er im Rettungswagen die lebensnotwendige Technik dabei. Immer wieder erhielt ich Stromschläge mit dem Defibrillator, aber mein Herz wollte und wollte nicht anspringen, auch nicht mit der technischen Unterstützung von Dr. Bongers. Anette und Lukas waren mittlerweile zurück aus dem Dorf. Ein Polizist stoppte Anette: »Hallo, Sie können da nicht hin«, sagte er.

»Und ob, das ist mein Mann, und das ist unser Sohn. Ich will dabei sein.« Der Polizist ließ Anette und Lukas durch.

»Was ist denn passiert?«, fragte Anette den Arzt.

»Ich glaube, Ihr Mann hatte einen Herzinfarkt. Wir versuchen, das Herz wieder zum Schlagen zu bringen. Frau Aurnhammer, ich versuche jetzt, das Leben Ihres Mannes zu retten. Sie dürfen gerne dabei bleiben, aber ich kann mich nicht auch noch um Sie kümmern.«

»Das müssen Sie auch nicht«, sagte Anette tapfer, aber erschüttert. Der Arzt fragte meine Frau nach den ersten frustrierenden Versuchen mit dem Defibrillator: »Frau Aurnhammer, hat Ihr Mann vielleicht irgendwelche Vorerkrankungen wie Bluthochdruck oder Ähnliches?«

»Nein«, antwortet Anette, »er hat nichts gehabt, ist eigentlich ganz gesund gewesen. Und mein Mann hatte wirklich einen Herzinfarkt?« Anette konnte es einfach nicht glauben.

»Danach sieht es aus.« Dr. Bongers machte weiter. Aber er fragte noch ein weiteres Mal nach, ob da nicht doch etwas vorläge. Zögerlich machte er weiter. »Wissen Sie, ich möchte nicht, dass Ihr Mann jetzt durch die Reanimation noch mehr Schaden erleidet. Vielleicht sollte ich besser aufhören.« Das tat er Gott sei Dank nicht.

Es dauerte schließlich etwas über 30 Minuten, bis mein Herz wieder einigermaßen rhythmisch schlug. Der Krankenwagen fuhr mich in die Uniklinik nach Freiburg und ich wurde auf der Intensivstation aufgenommen. Zwei Wochen sollte ich dort bleiben, aber es gibt für mich nicht eine Erinnerung an diese Zeit. Es ist, als wäre ein Teil meiner Lebenszeit auf immer ausgelöscht worden. Heute überlege ich, ob das nicht eine ziemlich kluge Idee meiner Seele war, nichts im Gedächtnis abzuspeichern. So eine Reanimation ist ja doch ein Schock, nicht nur für den Körper, sondern auch für die Seele. Letztere schützt sich durch Vergessen. Bis heute bin ich auf die Erzählungen der anderen angewiesen, um einen klitzekleinen Zugang zu dem Ereignis zu erhalten.

Mittlerweile hatten Anette und Lukas begonnen, die Familie und enge Freunde und meinen Arbeitgeber über das, was da passiert war, zu informieren. Der Schrecken war überall deutlich zu spüren. Von da an begann sich ein hilfreiches Netz um mich herum zu knüpfen: Familie und meine Freunde kommunizierten fleißig.

Monika, meine Freundin aus Bonn, entpuppte sich in dieser Zeit als kraftvolle Unterstützung gerade für Anette. Sie schrieb: »Ich habe die gewaltsame Erwartung, dass alles gut gehen möge, heißt: alles wie früher ist, abgelegt. Das macht mich still. Und eine Diagnose ist eben auch nur eine Diagnose.« Ein grandioser Satz.

Karl ist ein Freund aus München. Er ist Priester und Therapeut: Er schrieb: »Manchmal habe ich Tränen in den Augen, manchmal einfach ein zartes, warmes Gefühl ganz tief innen. Manchmal muss ich mich fast kneifen, weil ich nicht glauben mag, dass das passiert ist. Ich fühle mich euch so verbunden.«

Diese und viele andere Kurznachrichten machen deutlich, welches Netz für mich im Hintergrund geknüpft wurde, um mich nach diesem Absturz aufzufangen und abzufedern. Monika und ich machten aus diesen Kurznachrichten und dem, was ich viel später in der Rehaklinik zum Thema Hoffnung zu Papier brachte, einen Artikel, der Anfang 2017 in der Zeitschrift *Leidfaden* publiziert wurde. Er ist am Ende dieses Buches als »Epilog« nachzulesen.

Meine Mutter war damals 81, sie lebte wie meine beiden jüngeren Brüder in Westfalen, meiner Heimat, also vier Stunden Autofahrt vom Saarland entfernt. In der Zeit auf der Intensivstation wurden zwei Autos gefüllt und gen Freiburg bewegt, um mich und Anette zu unterstützen. Auf der Intensivstation hatte man mich auf 34 Grad Körpertemperatur heruntergekühlt, um den Stress, den ein solcher Infarkt für den Körper bedeutet, zu mildern. Bei der Herzkatheteruntersuchung stellten die Ärzte fest, dass ein Gefäß im Herzen verstopft war. Damit war zumindest die Ursache klar, wie es zum Infarkt gekommen war. In dieses Gefäß wurde ein Stent, also ein kleines Kunststoffröhrchen gelegt, das für eine dauerhafte Öffnung sorgen soll.

Nicht geklärt bis auf den heutigen Tag ist die Frage, warum ausgerechnet ich diesen Infarkt bekam. Gene? Gut, in meiner väterlichen Linie sind alle an Herzleiden gestorben. Der jüngste vor mir war mein Opa. Er fuhr eines Tages in die Innenstadt zum Einkaufen und wollte anschließend nach Hause radeln. Er stieg auf der einen Seite auf und kippte auf der anderen runter: Herzinfarkt. Duplizität der Ereignisse: zwei Männer, zwei Fahrräder, zwei Herzinfarkte. Mein Opa war damals 69 Jahre alt, also älter als ich. Klar ist seitdem auch, dass ich, der bis dahin bis auf eine Aspirin nach durchgetrunkenen Nächten in meiner wilden Zeit nie irgendwelche Medikamente eingenommen hatte, nun bis an mein Lebensende zumindest Acetylsalicylsäure (ASS) nehmen werden muss, jeden Tag eine. Das macht das Blut flüssiger und verhindert damit, dass mein Lebensretter, der Stent, verstopft. Natürlich war ich auf der Intensivstation auch unter Kreislaufkontrolle. Die zeigte: Ich hatte hohen Blutdruck, was lebenslang noch mehr Tabletten bedeutete. Das beliebte Ramipril gehört seit dieser Zeit folglich auch zu meinen Lebensbegleitern. Wird man so abhängig?

Als meine Mutter und meine Brüder in Freiburg ankamen, war die Bestürzung groß: »Warum muss mein Junge das durchmachen?«, weinte meine Mutter los. »Ich bin doch an der Reihe, nicht du.« Das Schlimmste, was Menschen erleben müssen, das weiß ich aus meiner Arbeit, ist, wenn Eltern ihre Kinder beerdigen müssen. Das ist so wider die Natur oder das Leben.

»Nein, Mutter«, sagte Anette, »du bist nicht an der Reihe, aber Klaus eben auch nicht. Wir müssen jetzt einfach abwarten und sehen, was passiert.«

»Ja, da hast du wohl Recht, jetzt müssen wir hoffen und beten, dass alles gut wird.«

Tja, was soll man da sagen: Schicksal? Pech? Dumm gelaufen? Die Warum-Frage ist in solchen Situationen einfach da, man muss sie nicht herbeidenken. Aber welche Antwort gibt man ihr? Gibt es überhaupt eine schlüssige Antwort auf diese Frage? Wohl kaum. Welches Glück für die Menschen, die mit ihr leben können, aber eben nicht gegen sie, und die nicht angesichts der Unbeantwortbarkeit in die Knie gehen.

Bei meiner Arbeit auf der Palliativstation begegne ich der Frage häufig. Ich frage dann zurück: »Sie fragen: Warum? Haben Sie denn eine Antwort gefunden?«

Die meisten verneinen das. Oft sagen Menschen dann sinngemäß: »Wissen Sie, das bringt doch nichts, ich muss halt damit leben.«

Ich begegne Herrn Zens, einem Tumorpatienten im fortgeschrittenen Stadium der Erkrankung. Herr Zens ist ein Denker, der sein Leben und das, was da passiert, denkerisch durchdringen will. Mich als Seelsorger verwickelt er in mehrere Gespräche, in denen es genau um diese Warum-Frage geht.

»Meine Gedanken kreisen ständig um die gleichen Fragen: Warum trifft es ausgerechnet mich, und warum jetzt?«, sagt er.

Ich frage ihn: »Was haben Sie denn bei Ihrem Nachdenken für eine Antwort gefunden, Herr Zens? «

»Ja, eben keine, haben denn Sie als Seelsorger eine für mich?«

»Nein, ich habe keine Antwort für Sie, leider.«

»Tja, dann werde ich wohl damit leben müssen.«

Mehrfach kommt er auf dieses unbeantwortete Thema zurück. Wir erkennen beide, dass die Warum-Frage in der Vergangenheit einen plausiblen Grund sucht, der das, was jetzt geschieht, hinreichend erklärt. Dieses Denken haben wir den Griechen und ihrer präzisen Logik zu verdanken. Aber angesichts von existenziellem Leid scheint dieses Zurückgehen in die Vergangenheit ein Irrweg zu sein. Wir finden da hinten eben nichts Überzeugendes.

Bei einem der nächsten Besuche sagt Herr Zens zu mir: »Ich muss Ihnen was sagen.« Ich lausche. Er macht eine kurze Pause, dann redet er weiter.

»Ich hatte heute Nacht eine Erkenntnis.«

Ich werde neugierig. »Mögen Sie mir Ihre Erkenntnis erzählen?«

»Aber klar«, strahlt er mich an. Spätestens jetzt hat er meine ganze Aufmerksamkeit. »Erinnern Sie sich an die Gespräche rund um diese blöde Warum-Frage?«

»Natürlich, wir kamen im Denken einfach nicht weiter.«

»Genau, wir haben ja auch in die falsche Richtung gesucht.«

»Wie, in die falsche Richtung?« Jetzt bin ich etwas irritiert.

»Na, sehen Sie, die Warum-Frage schaut ja in die Vergangenheit. Aber da ist eben nichts zu finden. Meine Erkenntnis heute Nacht sagte mir. ›Karl, schau nach vorne.‹« Ich stehe im Moment auf dem berühmten Schlauch.

»Ich erkläre es Ihnen«, sagt Herr Zens, als er meinen verwirrten Gesichtsausdruck sieht. »Wenn ich statt ›Warum‹ nach einem ›Wozu‹ frage, dann geht mein Blick nach vorne. Und ich habe nun erkannt, dass ich dieses ›Wozu‹ zu beantworten habe, dann geht es vorwärts.«

»Und was haben Sie heute Nacht entdeckt?«

Herr Zens beginnt, davon zu erzählen, dass er noch wichtige Dinge zu regeln hat. Nichts Materielles, sondern in seinen Beziehungen. »Wissen Sie, zu Uwe, meinem früher besten Freund, müsste ich noch einmal Kontakt herstellen. Wir haben uns vor zehn Jahren so was von zerstritten. Aus der heutigen Sicht waren das wohl Kleinigkeiten, aber ich kann Ihnen sagen, das hat damals so geknallt, und zwar von beiden Seiten. Er hat mir Sachen laut an den Kopf geworfen, und ich habe tapfer mit Worten hinterhergeschrien. Das war damals ziemlich übel. Wir haben unsere Beziehung einfach beendet. Aber jetzt spüre ich, dass ich ihn zu mir zu bitten und mich mit ihm aussöhnen will.«

Herr Zens hat kurze Zeit später tatsächlich seinen Freund angerufen und sich mit ihm ausgesöhnt. Eine hoffnungsvolle Geschichte.

Immer wieder erfahre ich, was Menschen am Lebensende noch antreibt. Die Perspektive des »Wozu« gibt der Seele Kraft, sich in die Zukunft auszurichten. Diese seelische Energie wirkt sich offensichtlich auch auf einen bereits sehr geschwächten Körper aus. Es kann gut sein, dass es zu einer Stabilisierung des Kranken kommt. Das finde ich sehr ermutigend. Ich weiß nicht, warum (!) mir das passierte, was mir passierte, aber nach einem »Warum« habe ich nie gefragt. Viele andere aus der Familie und dem Freundeskreis taten dies. Auch das »Wozu« blieb zunächst einmal verschlossen. Diese Frage trat erst später in der Rehaklinik auf, als ich schon wieder ganz gut beieinander war. Und ich hatte dann eine ganz schlichte Antwort: Es passierte, damit ich weiterleben kann. Das war schon mehr als das nackte Überleben. Ich wollte einfach wieder »normal« leben können. Und erst später im Verlauf wurde mir klar, dass ich noch Aufträge zu erledigen habe. Wie genau die aussehen, war und ist unterschiedlich. Wieder arbeiten können, wieder Auto fahren können, wieder Menschen begleiten können. Aber wie gesagt, das alles erschloss sich erst nach und nach.

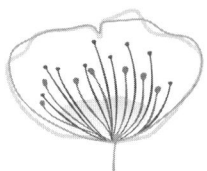

Offen sein für das Schicksal

Herr Dessi, Mitte 50, leidet an einer Durchblutungsstörung der Arterien in den Beinen. Er hat bereits seinen linken Unterschenkel durch eine Amputation verloren. Nun ist eine weitere große Operation nötig gewesen. Die Ärzte haben ihm geraten, einer Amputation seines Oberschenkels zuzustimmen. Schweren Herzens hat er in die Operation eingewilligt. Nun liegt Herr Dessi auf der Gefäßchirurgie. Er hat Schmerzen und eine Wunde, die immer wieder stark blutet.

Wir verstehen uns gleich bei unserem ersten Gespräch gut, er fasst sofort Vertrauen und öffnet sich. Es ist ein Montag, und am Wochenende blutete Herr Dessis Wunde so stark, dass er fürchtete, er müsse sterben – das ganze Zimmer war voller Blut gewesen.

»Stellen Sie sich das mal vor. Ich wachte auf und das ganze Bett war voller Blut. Und als ich mich aufsetzte, sah ich, dass der ganze Boden auch schon voller Blut war. Ich habe dann die Nachtschwester gerufen. Die hat mir echt leidgetan. Sie musste die ganze Sauerei wegmachen. Über eine Stunde hat sie dafür gebraucht«, erzählt er und ich spüre, dass es ihm noch immer unangenehm ist.

Herr Dessi erzählt von seiner Angst zu sterben, schwenkt dann aber um auf seine Kindheit. Sein Vater war ein sehr brutaler Mann. »Ich erzähl Ihnen mal etwas, das ich eigentlich nie erzähle, aber jetzt ist mir einfach danach. Mein Vater hat mich immer wieder ohne Grund – jedenfalls waren mir lange keinerlei Gründe klar – grün und blau geprügelt, Rücksicht nahm er selten. Mit einem Lederriemen hat er mir den Rücken blutig geschlagen und mich gedemütigt. Im Sommer habe ich mir einen Rollkragenpulli angezogen, damit niemand die Striemen am Hals sehen konnte, das müssen Sie sich mal vorstellen. Ich schämte mich so für die Striemen.«

Eine Kindheit, die man niemandem wünscht. Ich bin ziemlich bestürzt über diese Offenbarung und muss mehrfach schlucken. Ich finde es erstaunlich, dass dieser Mann trotz allem, was er als Kind erlebt hatte, einen lebensbejahenden Eindruck auf mich macht. Er wirkt nicht verhärtet und enttäuscht, sondern ist offen und zugewandt. Ich sage zu ihm: »Sie haben ganz offensichtlich eine schlimme Kindheit gehabt. Aber wenn ich Sie so erzählen höre, dann ist da keine Verhärtung, kaum Groll zu spüren, wie kommt das?«

»Ach, irgendwann habe ich erkannt, dass mein Vater irgendwie gar nicht anders konnte. Sein eigener Vater hat Ähnliches mit ihm gemacht. Er war Gefangener unserer Familiengeschichte. Wir leben dummerweise im gleichen Ort, und lange ergriff mich eine unbändige Wut, wenn ich ihn irgendwo sah. So oft hätte ich ihn am liebsten verprügelt. Aber als ich später dann diese ganzen Zusammenhänge begriffen habe, tat er mir eigentlich nur leid.«

»Herr Dessi, Sie haben wahrscheinlich gemerkt, dass mich Ihre Geschichte ziemlich betroffen gemacht hat. Es ist ja unglaublich, was Ihnen da widerfuhr.« Ich finde tatsächlich kaum Worte.

»Wie dem auch sei, ich habe ganz bewusst nie geheiratet und wollte auch keine Kinder. Die ganze Geschichte musste einfach unterbrochen werden, wissen Sie?«

»Ja, ich glaube, dass ich das verstehen kann. Aber ich bin auch sehr beeindruckt, mit welcher Entscheidungskraft Sie dann Ihr eigenes Leben gesteuert haben, Respekt, Herr Dessi.«

Von Herrn Dessi lernte ich, dass es sich lohnt, offen zu sein für das, was das Leben mit einem macht. Ich fand es bemerkenswert, dass er seinem Vater irgendwann nicht mehr mit Groll, sondern eher mit Mitleid begegnen konnte.

So wurde mir Herr Dessi zu einem Vorbild, meinem eigenen Schicksal nicht mit Verbitterung zu begegnen, sondern mich für die Herausforderung des Lebens bereitzuhalten. Wäre ich nicht offengeblieben für jede mögliche Situation, sondern hätte gleich aufgegeben, wäre mein eigener Genesungsprozess wohl viel stockender verlaufen.

Frau Johann ist Mitte 50 und glücklich verheiratet. Mit ihrem Mann hat sie zwei Kinder. Frau Johann hat Darmkrebs, der bereits vor acht Jahren festgestellt wurde. Sie wurde damals erfolgreich operiert. Nun wurden vor zwei Monaten Metastasen in der Leber festgestellt. Frau Johann klagt über Übelkeit und Erbrechen, als sie auf die Palliativstation kommt. Irgendwie wirkt sie zerbrechlich, das liegt wohl daran, dass sie einiges an Gewicht verloren hat. Aber ihr Geist ist hellwach. Sie begrüßt mich: »Ach, wie schön, Seelsorger sind Sie, das ist gut. Wissen Sie, mein Mann und ich sind gläubig und ich vertraue einfach darauf, dass alles gut geht.«

»Frau Johann, darf ich fragen, was genau Sie meinen, wenn Sie sagen, es würde gut gehen?« Oft höre ich Menschen dann sagen, sie würden hoffen oder gar erwarten, dass sie wieder gesund würden. Nicht so Frau Johann.

»Keine Sorge, Herr Aurnhammer, mir ist schon klar, dass meine Krankheit nicht mehr weg geht. Und ich spüre in letzter Zeit auch, dass ich dieses Jahr vielleicht nicht mehr ganz erleben werde. Das wäre ja ein Wunder, aber das wird nicht passieren, glauben Sie mir. Wenn ich sage, dass es gut gehen wird, dann meine ich, dass ich nicht so stark leiden muss. Ich hoffe nun, da ich bei Ihnen auf der Palliativstation bin, dass die Ärzte die Übelkeit und das Erbrechen lindern können, sodass ich noch ein paar gute Wochen mit meinem Mann und den Kindern erleben kann. Das würde mir reichen.«

»Sie sind erstaunlich offen, wenn Sie mir das erzählen.«

»Ja, warum sollte ich das nicht sein? Ich habe in meinem Leben gelernt, dass sich Offenheit immer lohnt.«

»Wie erleben Sie denn Ihren Mann und Ihre Kinder?«

»Ach, als das vor acht Jahren losging, da waren unsere beiden Töchter ja noch in der Pubertät. Mit meinem Mann kann ich, seit ich ihn kenne, alles, wirklich alles besprechen. Ein Teil unserer Freunde hat uns damals abgeraten, meinen Töchtern die Wahrheit zu sagen. Aber das kam für meinen Mann und mich nicht infrage. Die Kinder hatten doch ein Recht zu erfahren, was da in meinem Körper passiert. Also haben wir es ihnen gesagt. Leicht war das nicht, das kann ich Ihnen sagen. Es gab Tränen auf beiden Seiten. Aber ich hatte den Eindruck, dass sie es verstanden haben. Und so haben wir das jetzt auch gemacht. Nun sind die beiden älter und erwachsen. Und natürlich gab es wieder Tränen, diesmal vor allem bei unseren Töchtern. Aber wenn das Leben es nun einmal so will, wenn Gott diesen Plan mit uns hat, dann ist das jetzt so, und wir müssen nun hoffen, dass Sie uns hier gut unterstützen können.«

Großartig finde ich, was ich da höre. Welch eine Offenheit zeigt sich da. Und selbst, wenn der Körper nun schwächer wird, zeigt sich die Lebenskraft einer mutigen offenen Frau. Nein, die Lebenskraft einer ganzen Familie.

Auch Frau Johann lehrte mich, offenzubleiben für das, was das Leben mir auferlegt hatte. Und ihr Mut und ihre Lebenskraft faszinierten mich nachhaltig. Nicht einmal fragte sie nach dem »Warum«. Könnte das auch mein Weg werden?

Mein Herz begann sich auf der Intensivstation nach einigen Tagen zu stabilisieren, es schlug, wie es schlagen sollte, die Lebensgefahr war gebannt. Stellte ich mir anschließend die berühmten Schicksalsfragen oder schaffte ich es, meine Krankheit so reflektiert zu betrachten wie Frau Johann oder Herr Dessi? Na ja, die ersten vier Wochen gab es für mich außer der Stabilisierung des Körpers keine weiteren hoch- oder tieffliegenden Gedanken. Die spirituellen Sinnfragen tauchten später allerdings auf, und zwar mit großer Kraft. Ich bin nie jemand gewesen, der bei Schicksalsschlägen in der Familie an der Warum-Frage hängen geblieben war. Das war nicht so, als meine Mutter mit etwa 40 Jahren ernsthaft erkrankte – da war ich in der Pubertät –, und das war auch Jahrzehnte später nicht so, als meine Schwiegermutter, die ich sehr mochte, starb oder mein Vater vor einigen Jahren. Dagegen mochte ich die Wozu-Frage sehr, und als ich so weit war, wieder über mich und die Welt nachzudenken, da gab es in mir ein starkes Gefühl, wozu ich das alles erleben sollte. Mein Leben war auf wundersame Weise nicht zu Ende gegangen und eine Kraft in mir schob mich in Richtung meiner eigenen Zukunft. Ich blieb offen für meine damals noch ganz ungewisse Zukunft.

Ich habe mich während der ganzen sechs Monate, die ich in den Kliniken verbrachte, nie gefragt, warum ausgerechnet mir das zustieß. Und das geht mir bis heute so. So ist das Leben, Dinge passieren, die außerhalb meiner Kontrolle liegen. Ich kann eben nicht alles in meinem Leben bestimmen. Aber ich kann die Dinge nehmen, wie sie mir gegeben werden, und versuchen, damit klarzukommen. Das liegt allein in meinen Händen. Ich war offen für alle Fragen, ich hatte keinen Groll, nicht mir selbst gegenüber oder sonst wem gegenüber. Ganz offensichtlich war mein Lebensauftrag noch nicht erfüllt. Ich mag den Gedanken, dass jeder Mensch einen grundlegenden Auftrag im Leben hat, den er erfüllen soll. Ich glaube, dass wir als Menschen die Aufgabe haben, in uns und in der Welt um uns herum genau zu schauen, was dieses Leben von uns will. Und wenn ich davon etwas entdecke, dann kann ich dieser Aufgabe nachgehen. Das währt ein ganzes Leben lang. Und erst, wenn der Auftrag erfüllt ist, kann der Mensch gehen.

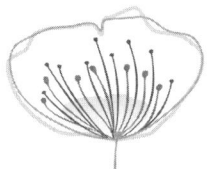

Die liebsten Menschen teilhaben lassen

Frau Lauer ist Mitte 50, sie hat einen metastasierenden Tumor und es geht ihr schlecht. Den ersten Kontakt erhalte ich durch ein Gespräch mit der hochschwangeren Tochter, die mit einer Freundin im Krankenhausflur sitzt und wartet. Ich geselle mich dazu und stelle mich vor. »Sie sehen besorgt aus«, sage ich.

»Das bin ich ja auch. Meine Mutter ist doch noch so jung und ich bin schwanger. Ich hab so Angst, ins Zimmer zu ihr zu gehen, aber ich müsste doch, sie ist doch meine Mama, aber ich will ihr den Anblick einer schwangeren Tochter nicht zumuten.«

»Ich merke, dass Sie hin- und hergerissen sind. Sie wollen ins Zimmer, aber irgendwie auch nicht. Was wäre denn das Schlimmste, was passieren würde, wenn Sie jetzt reingehen?«

»Ich hab Angst, dass meine Mutter anfängt zu weinen.«

»Wäre das denn schlimm, wenn Ihre Mutter traurig ist, wenn sie ihre schwangere Tochter sieht?«

»Nein, eigentlich nicht.«

»Wie wäre es für Sie, wenn ich Sie begleite?«

»Das würden Sie tun?«

»Klar, Sie werden sehen, es wird halb so schlimm sein, wie Sie meinen.«

In schwierigen Situationen frage ich gerne nach dem Schlimmsten, was passieren könnte. Oft erfahre ich, dass die Fantasien schlimmer sind als die Realität. Und wenn die »schwarzen« Fantasien dann einmal ausgesprochen sind, sind sie mit einem Mal gar nicht mehr schwarz. Nach zehn Minuten ist es so weit. Die Tochter gibt sich einen Ruck und geht mit mir in das Zimmer. Dort steht sie eine Weile, dann setzt sie sich ans Bett ihrer Mutter, ich nehme mir ebenfalls einen Stuhl und setze mich so hin, dass ich beide gut beobachten kann. Die Tochter begrüßt ihre Mutter mit einem Kuss und ich sehe, wie sich ihre Augen mit Tränen füllen. Auch die Mutter beginnt zu weinen. Ich sitze eine Weile stumm dabei. Als sich Mutter und Tochter ein wenig beruhigt haben, sage ich zur Mutter: »Frau Lauer, bevor wir zu Ihnen kamen, saßen Ihre Tochter und ich im Wartebereich nebenan. Ihre Tochter war beunruhigt, weil sie merkte, wie traurig sie ist, und sie hatte Sorge, Sie als Mutter mit der töchterlichen Traurigkeit, wie soll ich sagen, zu belästigen. Aber Sie sehen ja, dass Sie eine mutige Tochter haben, sie ist zu Ihnen gekommen.«

»Ach, Susanne, komm her, lass dich noch mal drücken. Du musst doch keine Angst vor irgendwelchen Gefühlen haben. Es ist nun mal einfach traurig, da können wir nichts gegen machen. Das müssen wir aber auch gar nicht.«

Die Tochter wendet sich mir zu: »Danke, dass Sie mitgegangen sind, es ist eigentlich nichts passiert, außer dass wir miteinander geheult haben, aber ich merke, wie jetzt eine Last von mir abgefallen ist, vielen Dank.«

Ich erfahre, dass die Tochter zwei Schwestern hat, die ebenfalls noch kommen wollen. Doch auch sie haben Scheu, ins Zimmer zur Mutter zu gehen, sie finde ich in unserem Wohnzimmer, einem Raum mit Sesseln und Sofa, der auch als geschützter Gesprächsraum dient. Ich stelle mich ihnen vor und frage, was sie beschäftigt. Beide berichten von ähnlichen Sorgen wie die erste Tochter. Ich spüre auch bei diesen beiden die Sorge, mit dem eigenen Traurigsein in das Zimmer zu gehen. Ich berichte, was sich in der Zwischenzeit im Zimmer abgespielt hat. Auch die beiden Schwestern brauchen ihre Zeit, bis sie den Mut spüren, zur Mutter zu gehen. Ich begleite sie auf diesem Weg. In den nächsten drei Tagen, in denen Frau Lauer im Sterben liegt, gehe ich regelmäßig in das Zimmer. Die Familie ist da und begleitet Frau Lauer. Es ist sehr anrührend zu sehen, wie drei junge Frauen nach der anfänglichen Scheu nach und nach mutiger werden und sich dem Unabänderlichen annähern. Immer wenn ich in diesen Tagen im Zimmer bin, ermuntere ich die Frauen, ihre Mutter zu berühren, ihr Dinge zu erzählen, die ihnen wichtig sind. Das Berühren geschieht anfangs zögerlich, dann aber immer mutiger, nicht nur an den Fingern oder der Hand, sondern auch am Oberarm und auf dem Brustkorb. Ich weiß aus meiner Erfahrung, dass Menschen diese zentralen Berührungen am Körper noch bis zuletzt spüren können. Das tröstet in einer Situation, wo man spontan denkt: »Da ist kein Trost mehr.« Frau Lauer verstirbt drei Tage später an einem Freitag auf der Palliativstation.

Angst kennen wir alle gut. So eben auch die Töchter von Frau Lauer. Aber von ihnen lernte ich, wie sich Angst zu Mut wandeln kann. Manchmal braucht es nur einen kleinen Anstoß. Angehörige brauchen Ermutigung von außen, und manchmal muss man sie anstupsen, damit sie ihren Mut entdecken können.

So war das auch bei mir. Ich erlebte in den ersten Wochen meiner Krankheit viel Angst, die Schwestern gaben mir regelmäßig ein beruhigendes Mittel als Lutschtablette, damit meine Angst nicht überhandnahm. Neben der Angst war ich viel und oft tieftraurig und brauchte meine Familie, damit aus meiner Angst Mut entstehen konnte. Und meine Frau und ich und unsere beiden Kinder brauchten gute Freunde, die uns auf diesem Weg begleiteten, die in der Gefühlsachterbahn kraftvoll für Stabilität sorgten. So erfuhren wir durch unsere Freunde immer wieder wohltuende Anstöße, sei es durch einen Anruf oder durch eine Kurznachricht. Das tat uns gut.

Herr Wintrich ist 78 Jahre alt und leidet an einem Lungentumor. Bereits zehn Jahre zuvor war ein bösartiger Tumor an der Prostata festgestellt worden. Nach einer Operation und einigen Bestrahlungen war Herr Wintrich aber wieder guter Dinge. Dann, vor drei Jahren wurde der Tumor in der Lunge festgestellt. Auch hier wurde operiert und anschließend bestrahlt. Bis sich vor einigen Monaten Herr Wintrichs Zustand veränderte. Herr Wintrich war insgesamt acht Mal in verschiedenen Krankenhäusern gewesen, bis er schließlich auf unserer Palliativstation aufgenommen wurde. Seine Frau fühlte sich zu Hause sichtlich überfordert. Herr Wintrich hat an

Kraft ab- und an Schwäche zugenommen. Dazu kamen Schmerzen.

Seit drei Wochen ist er nun bei uns. Vor einer Woche stellten wir fest, dass sich sein Allgemeinzustand sichtlich verschlechtert hatte. Die Palliativmedizinerin bespricht die aktuelle Situation mit Frau Wintrich und der gemeinsamen Tochter: »Frau Wintrich, wir beobachten Ihren Mann ja nun schon einige Tage. Da gab es durchaus gute Momente, aber zuletzt hatten wir den Eindruck, dass sich sein Zustand deutlich verschlechtert. Welchen Eindruck macht Ihr Mann auf Sie?«

Frau Wintrich muss sich sichtlich sammeln, um sprechen zu können. »Frau Doktor, ich hab solche Angst, was da passiert, ich sehe das mit Bangen, will aber eigentlich davon gar nichts wissen. Wir sind jetzt über 50 Jahre zusammen. Das kann doch nicht das Ende sein.«

»Frau Wintrich, ich will ehrlich zu Ihnen sein. Wenn Ihr Mann sich weiter in die Richtung der letzten Tage entwickelt, dann müssen wir damit rechnen, dass Ihr Mann stirbt.«

Frau Wintrich und ihre Tochter sind zutiefst erschüttert. Eigentümlich: Schon vor zehn Jahren hatte der Tod an die Tür der Familie geklopft. Welche Form der Auseinandersetzung hatte es damals gegeben? Viel war davon nicht zu spüren. Frau Wintrich wirkt erschüttert und bittet darum, dass wir sie zunächst allein lassen.

In den kommenden zwei Tagen versuche ich, Kontakt zu Frau Wintrich oder ihrer Tochter aufzunehmen, aber immer verpassen wir uns. Schließlich treffe ich die Tochter doch noch.

»Sie sind schon angekündigt worden«, eröffnet sie das Gespräch.

»Aha, und was hat man Ihnen gesagt?«, frage ich neugierig.

»Na, es hieß, Sie könnten meiner Mutter vielleicht helfen, besser mit der Situation umzugehen.«

»Okay, aber nun ist ja nicht Ihre Mutter hier, sondern Sie. Mögen Sie mir erzählen, wie es Ihnen mit der Situation geht?«

»Gerne. Also wir wissen ja alle, dass mein Vater nicht mehr gesund wird. Und meine Mutter ist psychisch tatsächlich ziemlich am Ende. Das verstehe ich gut. Erst der Schock vor zehn Jahren, dann das Ding mit der Lunge, die letzten Monate haben echt an ihren Nerven gezerrt. Und gestern sagte der Pfleger: ›Frau Wintrich, Sie sollten überlegen, ob Ihr Mann nicht in einem stationären Hospiz gut aufgehoben wäre.‹ Das hat meiner Mutter dann den Rest gegeben. ›Ich kann den Rolf doch nicht in ein Hospiz abschieben, das würde ich mir nie verzeihen‹, sagte sie immer wieder.«

Solch herausfordernde Situationen beobachten wir häufig. Da leben Familien in einem durchaus stabilen Beziehungsgeflecht. Und dann kommt eine solche Erkrankung. Und mit ihr rückt ganz plötzlich das Thema Sterben in den Fokus. Manche sind darauf einfach nicht eingestellt, Vorgeschichte hin, Vorgeschichte her. So auch Frau Wintrich. Ich weiß genau, was sie denkt: »Alles darf passieren, aber nicht Hospiz. Dann habe ich doch als Frau versagt, habe mein Versprechen, eben auch in schlechten Tagen da zu sein, gebrochen.« In solchen Situationen entstehen große Schuldgefühle. Zur Tochter sage ich:

»Wissen Sie, natürlich ist das Hospiz eine gute Option, vor allem von der Gesamtversorgung her betrachtet. Was wäre denn Ihre Idee?«

»Der Chefarzt hat gestern von einer SAPV gesprochen. Sie würden uns zu Hause unterstützen.«

»Und wissen Sie, was das ist?«

»Nein , eigentlich nicht so richtig.«

»SAPV steht für spezialisierte ambulante Palliativversorgung. Das ist ein Team aus Ärzten und Pflegenden, die kranke Menschen und deren Familien zu Hause unterstützen. Das, was Sie als Familie hier bei uns erleben, ist, wenn Sie so wollen, die stationäre spezialisierte Palliativversorgung. Und etwas Ähnliches gibt es auch für zu Hause.«

Die Tochter wirkt interessiert, also rede ich weiter. »Wenn Ihr Vater wie geplant nächste Woche entlassen wird, dann schreibt die Ärztin eine Verordnung für die SAPV. Wir entlassen meist im Laufe des Vormittags. Nachmittags wird Sie dann zunächst eine der Pflegekräfte des Teams besuchen. Sie wird dann mit Ihnen allen besprechen, welchen Hilfebedarf Sie haben. Sie können recht frei wählen. Wenn es Sie unterstützt, kommt täglich eine palliativ ausgebildete Pflegefachkraft zu Ihnen und schaut, wie es Ihnen geht. Wenn Ihnen das zu viel ist, machen Sie einen anderen Rhythmus aus. Sie entscheiden, wie oft jemand kommt. Sie erhalten eine Handynummer, die Sie rund um die Uhr nutzen können. Nehmen wir an, des Nachts entwickeln sich Schmerzen und Ihre Mutter weiß nicht, was sie machen soll. Dann kann sie die Handy-

Die fünf Phasen nach Elisabeth Kübler-Ross

Als Seelsorger hatte ich schon mit vielen schwerkranken und sterbenden Menschen zu tun und natürlich auch mit ihren Angehörigen, mit dem Ehemann, der Ehefrau, der Schwester, dem Bruder, der Tochter, dem Sohn. Alle gehen anders mit dieser schwierigen und existenziellen Situation um. Jeder reagiert anders. Die Psychologin Elisabeth Kübler-Ross entwickelte ein Modell, das bei dieser Frage recht hilfreich ist. Sie beschreibt Schritte, die wie Phasen zu verstehen sind, die ein Mensch in dieser Lage durchläuft:

- das Nichtwahrhabenwollen
- die Wut
- das Verhandeln
- die Depression
- die Annahme

Diese Phasen kann man nicht durchlaufend bei allen Patienten in der Reinform beobachten. Mancher Patient erlebt eine Phase gar nicht, mancher durchlebt die Phasen gemischt. Auch beobachte ich, dass Menschen, die offensichtlich eine bestimmte Phase schon durchlebt haben, am nächsten Tag quasi »zurückfallen«. Aber es ist dennoch kein Rückschritt, den ich da beobachte. Das Rad des Lebens, also der Verarbeitungsprozess, geht immer vorwärts. Ein Tag, dann der nächste Tag, dann der nächste, eine Woche, dann die nächste, dann die nächste. Und natürlich gelangen nicht alle Menschen zur Annahme. Aber ich beobachte immer wieder Menschen, die in diesen Phasen unterwegs sind und so ihren eigenen Weg gehen. Ein versierter Palliativpfleger aus Frankfurt sprach bei der Eröffnung einer Palliativstation einmal über seine Erfahrungen mit sterbenskranken Menschen und ich konnte bei vielem innerlich nicken und ihm zustimmen. Auch er kam auf das Modell von Frau Kübler-Ross zurück und stellte fest: Er habe in all den Jahren noch nie einen Menschen erlebt, der zur fünften Stufe, zur Annahme, gelangt war. Man muss wissen, dass Frau Kübler-Ross am Ende ihres Lebens selbst dieser Schritt nicht gelungen war. Ich saß dort und war sehr erstaunt. Seine These entsprach so gar nicht meiner Erfahrung. Immer wieder erlebe ich kranke Menschen, die sehr wohl annehmen können, dass sie bald sterben werden. Ich finde diese Beobachtung sehr tröstlich. Und ich weiß, es ist nicht Schicksal, ob ich annehmen kann oder nicht. Ich kann mich mein ganzes Leben darauf vorbereiten, wenn ich nur offen dafür bin.

nummer anrufen. Die diensthabende Pflegekraft kann vielleicht schon über das Telefon hilfreiche Tipps geben und die Situation beruhigt sich. Wenn nicht, ruft Ihre Mutter wieder an, und es kommt jemand zu Ihren Eltern nach Hause. Kurz nach der Entlassung wird Sie auch ein Palliativmediziner aufsuchen, der mit Ihnen die weitere Therapie zu Hause bespricht. Er kann Medikamente verordnen und so dazu beitragen, dass es Ihnen allen den Umständen entsprechend gut geht. Der Arzt kommt anschließend in der Regel einmal in der Woche. Es sei denn, eine der Pflegekräfte hat den Eindruck, dass jetzt ein Arzt vor Ort hilfreich ist. Dann kommt ein Palliativmediziner zu Ihnen, auch nachts. Der schaut dann, was er für Sie und Ihre Familie tun kann, und verabschiedet sich dann wieder. Das ist eigentlich eine gute Regelung. Wir entlassen regelmäßig Menschen in die SAPV. Und immer geben wir die Zusage, dass die Erkrankten, wenn es nottut, wieder zu uns zurückkommen können.«

Die Tochter wirkt sichtlich erleichtert.

»Herr Aurnhammer, vielen Dank. Darf ich Sie um etwas bitten?«

»Natürlich.«

»Heute Nachmittag kommt meine Mutter, könnten Sie auch mit ihr über die SAPV sprechen?«

Ich verspreche es ihr und so sitze ich des Nachmittags mit Frau Wintrich zusammen. Zunächst frage ich sie, wie es ihr geht. Frau Wintrich schluckt einige Tränen herunter. Nachdem sie sich wieder gefasst hat, beginnt sie zu erzählen. Ich spreche sie auf die Idee mit dem Hospiz an. »Nein, das geht gar nicht«, sagt sie gleich mit zitternder Stimme. »Ich habe mir das Hospiz mit meiner Tochter angeschaut. Aber wissen Sie, ich habe meinem Mann vor so vielen Jahren gesagt, dass ich für ihn auch in schweren Zeiten da sein würde. Es ist fast Verrat, wenn ich ihn ins Hospiz geben würde. Das wäre eine Abschiebung und das will ich nicht.«

Also bespreche ich mit Frau Wintrich die Möglichkeiten, die sich durch den Einsatz der SAPV ergeben könnten. Frau Wintrich kann sich das gut vorstellen, und so gehen wir auseinander.

Herr Wintrich ist es nicht vergönnt, nach Hause zu gehen. Er stirbt drei Tage nach meinem Gespräch mit der Ehefrau bei uns auf der Palliativstation.

Frau Wintrich und die Töchter von Frau Lauer zeigen sehr deutlich zweierlei: Erstens sind immer Gefühle im Spiel, bei Frau Lauer und den Töchtern das Traurigsein, bei Frau Wintrich das große Schuldgefühl. Und zweitens: Wenn wir nur auf die kranken Menschen schauen, verfehlen wir unser Ziel. Wir würden viel zu eingeengt arbeiten. Wir müssen als Therapeuten und Begleiter immer die Angehörigen mitnehmen und in den Prozess einbinden. Nur dann kann sich etwas Hilfreiches entwickeln.

So war das auch bei mir. Meine Frau brauchte in der Klinik Therapeuten, die verstanden, was da mit mir passiert war, die genau danach schauten, was der Patient brauchte, aber eben auch auf das, was die Angehörigen benötigten. Und ich brauchte meine Frau, Lukas und enge Freunde, die für mich da waren. Die Liebsten auf den eigenen Weg mitzunehmen, das ist ein kluger Weg.

Wie gesagt erlebte ich in den ersten Wochen meines Krankseins ständig Angst, das war mein erstes und starkes Gefühl. Aber die Beruhigungsmittel waren nicht das Heilmittel. Hilfreich waren die Ermutigungen meiner Frau und der engen Freunde, aber auch die Anstöße, die mir die kluge Krankengymnastin, die pfiffige Ergotherapeutin und die reflektierte Neuropsychologin gaben, die ich kennenlernte. Sie stärkten meinen Mut, sodass die Angst immer weniger wurde und dann tatsächlich verschwand. Mein Leben konnte weitergehen.

Während meiner Zeit auf der Intensivstation entstand eine Reihe von Fotos, die meinen damaligen Zustand dokumentierten. Viel, viel später stellte mir meine Frau ein Fotoalbum mit diesen Bildern zusammen. »Über den Berg«, hat sie das kleine Werk genannt. Anfangs war das sehr befremdlich für mich, mich da liegen zu sehen, beatmet, mit mehreren Medikamentenpumpen versehen, über und über verkabelt, am Monitor hängend, abgemagert. Meine Frau hatte lange gewartet, bis sie mir die Bilder zeigte. Beim Anblick kamen auch mir die Tränen. Es bleibt bis heute ein gewisses Befremden: Das soll ich gewesen sein? Ich erkannte mich und erkannte mich doch nicht.

Ab und zu machte dieser Fremde, den ich da sah, mal die Augen auf, bewegte den rechten Arm in Zeitlupe, während die linke Hand gar nichts tat. Ich bin Linkshänder, eigentlich passt das nicht, aber der Arzt erklärte meiner Frau und meinem Sohn, dass das Herz bei einer

Reanimation gerne einen Blutpfropfen ins Hirn schießt, was auf einen kleinen Schlaganfall hindeutet. Dieser kleine Schlaganfall hat mich mehr als ein Jahr beschäftigt, anfangs hatte ich oft Probleme, meine linke Körperhälfte gezielt einzusetzen und zu bewegen. »Neglect«, sagen die Ärzte dazu, eine Seite des Körpers wird nicht so recht wahrgenommen. Noch heute sagen Freunde, die mich gut kennen, dass sie diese Einschränkung in meinem Laufstil und in meinem Bewegungsmuster sehen können.

Zudem hatte ich ein Delir entwickelt, ich war unruhig, ängstlich und benötigte Beruhigungsmittel. Die Medizin hat dafür ein herrliches Wort erfunden: »Durchgangssyndrom«. Immerhin macht der Ausdruck etwas Hoffnung, denn er deutet ja an, dass alles nur ein Durchgang ist. Aber wo kommt man dann heraus? Und vor allem: Wie? Das fällt in das Expertengebiet der Neurologen. So einer kam dann auch, untersuchte mich und sprach mit meiner Frau.

»Frau Aurnhammer«, begann er, »so wie ich die Situation einschätze, müssen Sie mit einer dauerhaften Pflegebedürftigkeit Ihres Mannes rechnen.«

»Wird er je wieder arbeiten können?«, fragte sie bestürzt.

»Ich glaube nicht«, sagte der Neurologe.

Anette antwortete tapfer und optimistisch: »Herr Doktor, das halte ich für einen möglichen Ausgang von vielen.«

»Ich empfehle Ihnen jedenfalls psychotherapeutische Unterstützung. Seien sie so gut, und halten mich auf dem Laufenden, Frau Aurnhammer.«

»Gerne, das werde ich tun.« Und Anette tat das. Als es mir schon deutlich besser ging, schrieb sie ihm einen Brief, in dem sie die Fortschritte meiner Genesung beschrieb. Der Neurologe schrieb einen durchaus bewegten Brief zurück. Damit hatte er wirklich nicht gerechnet.

Anette folgte dem Rat und führte ein Gespräch mit einer Psychologin. Dieses Gespräch tat ihr sichtlich gut und war ein gutes Gegengewicht zu den eher düsteren Aussichten des Neurologen.

Der erste Satz, den ich auf der Intensivstation von mir gab, war: »Was ist das nur für eine Scheiße hier?« Meine Frau berichtete mir später, dass genau dieser Satz ihr Hoffnung gemacht habe. Der Kraftausdruck, den ich da benutzte, zeigte Anette, dass der Klaus, der da lag, offensichtlich wirklich ihr Klaus sei, mit allen Einschränkungen.

Zwei Freunde, Peter und Simone, kamen noch in der Woche nach meinem Herzinfarkt nach Freiburg. Peter ist ein erfahrener Arzt und konnte die Situation auch fachlich gut einschätzen. Ich arbeitete bereits seit 28 Jahren auf der Palliativstation mit ihm zusammen, er als leitender Arzt, ich als Seelsorger. Anette hatte nach dem Ereignis sofort Peter angerufen. Er war schlicht erschüttert. Meine Frau sagte mir, er habe am Telefon hemmungslos geweint. Als er sich gefangen hatte, fragte er: »Wie können wir euch helfen?« Freunde braucht man eben, einfühlende und zugleich pragmatisch denkende. Simone ist so ein pragmatisch denkender Mensch. »Sag mal, Anette«, sagte sie, als meine Frau ihr die Situation schilderte, »ihr habt doch sicher nur Wäsche für ein Wochenende dabeigehabt. Das reicht ja nun offensichtlich nicht. Wie komme ich in euer Haus, habt ihr irgendwo einen Zweitschlüssel?« Den hatten wir in der zugänglichen Garage, und so sammelten die beiden Wäsche für Anette und mich und waren drei Stunden später bei uns.

Anette konnte in der kleinen Wohnung von Lukas wohnen, sie teilten sich wie vor Jahrzehnten, als Lukas ungern allein im Bett schlief, ein 1,40 Meter breites Bett. Jeden Tag nach der Arbeit kam Lukas auf die Intensivstation. Er saß mit Anette neben meinem Bett, sie wachten über mich, wie Eltern über ihr Kind wachen, und unterhielten sich. Und sie teilten ihre Sorgen. Wird Klaus überhaupt überleben? Und wenn ja, wie würde es mit Anette weitergehen? So vieles war doch damals noch gänzlich ungewiss. Einige Tage später begann man, mich zu mobilisieren. Allein gehen konnte ich natürlich nicht, aber im Rollstuhl ging es quer durch die Klinik, in die Kapelle und in einen Raum, in dem Wasser in einem Brunnen sprudelte. Auch der schöne Garten war das Ziel dieser Ausflüge. An dies alles kann ich mich nicht erinnern, aber ich kehrte später für einen Besuch in die Klinik zurück. Es tat gut, diese mir unbekannten Räume zu entdecken und von Anette und Lukas die dazugehörenden Geschichten zu hören. Eine dieser Geschichten war wohl, dass ich einige Zeit mit Lautmalereien beschäftigt gewesen war. So hätte ich ohne erkenntlichen Grund immer mal wieder ein »Tütelüt-Tütelüt« vor mich hingesungen. Allerdings tat ich das auf ihre Bitten nie. Viel später erzählte meine Frau mir, dass Lukas und sie herzhaft lachen konnten, wenn das »Tütelüt« wieder einmal unvermittelt aus mir herausbrach. Auf Ansage machte der Hirngeschädigte allerdings nichts. Sturköpfig und eigensinnig war er. Leider versäumten die beiden, diese Töne aufzunehmen. Ich hätte es zu gerne mal gehört.

Von der Intensivstation wurde ich in eine neurologische Früh-Reha in Elzach verlegt, etwa 30 Minuten von Freiburg entfernt. Die Klinik bietet den Angehörigen das »Rooming-in« an, das heißt, Anette konnte bei mir wohnen. Unser Hausarzt schrieb sie immer wieder krank, sodass Anette bei mir sein konnte. Das war für mich überlebenswichtig. Später sagte ich: »Wenn Anette nicht da gewesen wäre, dann wäre ich eingegangen wie eine nicht gegossene Primel.« Ich glaube wirklich, dass ich diese Zeit nicht so überlebt hätte, wenn Anette nicht 24 Stunden bei mir gewesen wäre. Das Ergebnis dieser Früh-Reha wäre deutlich schlechter ausgefallen.

In der Früh-Reha angekommen, wollte ich immer wieder aufstehen, obwohl mein Körper noch sehr geschwächt war. Ich hatte mein Gewicht von 65 Kilo auf 54 Kilo eingedampft, bei einer Größe von 1,70 Meter. Die Schwestern kamen auf eine pfiffige Idee. Sie entfernten die Matratzen von den Gestellen und legten sie in eine der Zimmerecken nebeneinander. Die hintere Matratze war für mich, die vordere für Anette. Immer wenn ich aufstehen wollte, musste ich an Anette vorbei, oder besser gesagt, ich musste über sie hinweg. Da sie das dann sofort mitbekam, konnte sie adäquat reagieren. Der Betreiber der Klinik hat einen lustigen Namen: »BDH«, heißt er. Das steht für »Bund Deutscher Hirngeschädigter«. Da weiß man dann, was Sache ist: Ich war ab jetzt ein »Hirngeschädigter«. Punkt.

40 Tage blieb ich in der Klinik. Ich konnte zu diesem Zeitpunkt so gut wie nichts selbstständig tun. Ich hatte vergessen, wie man eine Hose oder ein T-Shirt anzieht. Meine Raumorientierung war ebenfalls völlig dahin. Nie wusste ich, in welche Richtung ich gehen sollte. Nein, das stimmt nicht ganz. Ich wusste sehr genau, wo oben und

unten war. Zum Speisesaal ging es nach unten, zu unserem Zimmer nach oben. Aber linksherum oder rechtsherum? Keine Ahnung. 40 Tage lang war ich allein im Haus nicht orientierungsfähig. Und weiter bekam ich regelmäßig meine beruhigenden Medikamente.

Kurz: Ich brauchte Unterstützung und Pflege in so ziemlich jeder Beziehung. Der Vergleich mit einem dreijährigen Kind war da nicht abwegig. Die nötige Versorgung konnten die Krankenschwestern gar nicht leisten. All das übernahm Anette. Aber wie gesagt, die ersten Wochen sind im Dunkel meines Nichterinnerns verschwunden.

So ab der dritten Woche setzt meine Erinnerung ein. Gott sei Dank hatte der Neurologe Unrecht, ich hatte keinen frontalen Hirnschaden, ich konnte klar denken bis auf die Phasen von Unruhe, ich konnte reden und ich konnte nachdenken. Das tat ich. Und so wurde ich allmählich therapiefähig.

Unsere Freunde, Toni und Karl aus München, kamen für ein Wochenende und lösten Anette beim Wachen ab. Sie hatten am Telefon gefragt, was sie denn jetzt bräuchte.

»Ich muss unbedingt mal ausschlafen. Klaus ist nachts so unruhig, ich brauche mal eine Auszeit.«

»Alles klar, Anette, wir übernehmen.« Ich kann mich auch an diesen Besuch in Elzach nicht mehr so gut erinnern. Toni brachte Blaubeeren mit. Ich esse gerne Blaubeeren, und Karl versuchte, mir die Beeren schmackhaft zu machen. Er hatte nicht damit gerechnet, dass ich so trotzig reagieren würde. »Hör auf damit, hör sofort auf, ich will das nicht«, schimpfte ich ihn an. Karl wirkte erschrocken. Das war doch nicht der Klaus, den er kannte: humorvoll, Genüssen nicht abgeneigt. Hatte die lange Reanimation Klaus im Wesen verändert? Das wäre besorgniserregend. Er startete neue Versuche mit den Blaubeeren. Irgendwann aß ich einige Beeren. Toni war trotzdem besorgt. Erst einige Zeit später sollte er erkennen, dass Klaus nicht wesensverändert war. Karl erzählte mir später grinsend: »Klaus, wir haben zwei Nächte lang miteinander ›Pina Bausch‹ getanzt, das war ziemlich großartig, kannst du dich nicht erinnern?«

Nein, das kann ich bis heute nicht. Pina Bausch und ihr Ensemble hatten wir vor 30 Jahren in Wuppertal erlebt, ein grandioses modernes Ballettensemble. Schade, dass ich das nicht mehr weiß. Karl wurde aber an diesem Wochenende klar, dass Klaus offensichtlich doch noch der Klaus war, den er schon so lange kannte. Keine Wesensveränderung: Klaus pur. So bekam Anette an diesem Wochenende das, was sie brauchte: Ruhe in der Nacht und zwei Tage wenig Klaus.

Anette und ich stellten fest, dass das Denken und Reden das eine ist, das Tun aber etwas anderes. Denken, reden, sich unterhalten, das gelang von Tag zu Tag besser. Aber das Tun, das war echt ein Problem damals. Irgendetwas war in meinem Hirn durcheinandergeraten, aber so richtig durcheinander. Wie putzt man Zähne? Ich stand vor dem Spiegel im Bad, hatte getan, was getan werden musste, aber das Gefühl im Mund war fremd. Ich zog die Bürste aus dem Mund. Siehe da: Ich hatte die Zahnpasta auf dem Stiel platziert! Das konnte ja nicht klappen. An einem anderen Tag ging ich duschen. Ich schnappte mir tapfer den Rasierapparat, der mit Strom von der Steckdose funktioniert, und stand unter der laufenden Dusche. Anette rief völlig entsetzt aus dem Zimmer: »Klaus, was tust du da? Mach sofort den Rasierer aus!«, und sie hastete ins Bad, um mir das Gerät zu entreißen. »Du Dummerchen, das ist doch ein Elektrogerät, das an der Steckdose hängt, das kannst du doch nicht bei laufendem Wasser benutzen.« Glück gehabt. Ich stelle mir heute noch vor, wie das gewesen wäre, wenn ich einen Stromschlag bekommen hätte. Da hab ich den Infarkt überlebt und liege dann tot in der Dusche.

Auch andere alltägliche Dinge klappten nicht und waren meinem Hirn ein Rätsel. Immer musste mir Anette helfen. Die Mediziner nennen dieses Phänomen »Apraxie«. Laut medizinischem Wörterbuch ist das »eine Störung der Ausführung willkürlicher zielgerichteter und geordneter Bewegungen bei intakter motorischer Funktion«. Den Satz muss man zweimal lesen, um ihn zu verstehen. Aha. Ich war also ein Apraktiker geworden. Und damit hatte ich übrigens meinen ersten Spitznamen von meinem Sohn: »Apraktiker«. Toll!! Zwei Monate später wurde ich »befördert«. Ich hatte Fortschritte gemacht, sodass mein Sohn mich kurzerhand »der kleine Apraktiker« nannte. Ich fand das tatsächlich hilfreich. Ein großer Schaden wurde kleiner. Grund zur Freude.

Kommt man da je wieder weg? Damals war das noch nicht so klar. Immerhin, die Therapie konnte anfangen. Jeden Tag hatte ich drei Termine: Krankengymnastik, Ergotherapie und Neuropsychologie standen auf dem Stundenplan, jeweils 30 bis 45 Minuten. Susanne ist Krankengymnastin, eine fröhliche Therapeutin: »Herr Aurnhammer, heben Sie bitte mal den rechten Arm.« Was sollte das denn, fragte ich mich, ich war doch nicht blöd. Doch welchen Arm hob ich? Den linken!

»Und jetzt bitte umgekehrt.« Das verstand mein Hirn damals überhaupt nicht. Was sollte das heißen: umgekehrt?

»Herr Aurnhammer, heben Sie bitte jetzt den linken Arm.« Prompt ging mein rechter Arm nach oben. Nach ein paar weiteren Aufforderungen wusste meine Therapeutin: Ich war nicht nur Apraktiker, sondern hatte auch eine ausgeprägte Raumwahrnehmungsstörung. Mein Hirn hatte den Unterschied zwischen links und rechts »vergessen«. Was tun?

»Das geht nur mit Üben«, sagte Susanne. »Ich lege Ihnen jetzt den Raum mit Matten aus. Sie knien sich hin. Das hier ist Ihr linker Arm und das hier ist Ihr rechter«, und sie zeigte auf die jeweils benannte Seite. »Wiederholen Sie das mal.« Ich wiederholte die Anweisung und brachte nichts durcheinander.

»Und jetzt krabbeln Sie bitte 20 Minuten kreuz und quer durch diesen Raum und klatschen abwechselnd mit links und mit rechts auf die Matten. Wichtig ist, dass Sie jedes Mal laut sagen ›links‹ und ›rechts‹.«

Also dann. Ich krabbelte die 20 Minuten in dem Raum herum und hörte mir selbst zu, wie ich »links« und »rechts« sagte.

»Ihr Gehirn wird das neu lernen, aber Sie müssen üben.«

Diese Übung wiederholten wir einige Tage nacheinander, immer und immer wieder. Das machte Spaß, auch wenn es nicht immer gelang.

Üben, das war das Stichwort, das mir sofort gefiel. Ich musste üben, üben, üben, vielleicht ging dann was. Hatte ich Erfolg? Nun, sagen wir mal so: Einmal üben war keinmal, zweimal war nur eins mehr, dreimal auch nur zwei mehr. Ab zehnmal fing es an, interessant zu werden. Ab hundertmal gab es einen spürbaren Effekt. Also übte ich und übte und übte. Dieses Prinzip hielt ich die ganze Zeit meiner Rehabilitation durch. Üben, üben, üben!

Das mit links und rechts hatte so seine lustigen Seiten. Wenn wir aus dem Zimmer zum Essen wollten, war der richtige Weg nach links. Wohin ging ich konsequent? Nach rechts. Die linke Seite war tatsächlich meine schwache geworden, als hätte mein Hirn sie irgendwo in eine entlegene Schublade geschoben. Dort war sie dann vergessen worden. Der Neglect lässt grüßen. Irgendwann fiel Anette etwas ein: »Klaus, wir wollen ja zum Essen. Merk die einfach: links ist lecker. Wir müssen nach links.« So ging es dann einigermaßen. Das viele Üben kostete mich viel Kraft und Konzentration, es war regelrecht körperlich anstrengend. Überhaupt schlief ich viel in dieser Zeit. Die Therapieeinheiten waren so getaktet, dass ich ordentliche Pausen hatte. So legte ich mich nach jeder Therapieeinheit hin und schlief, und das mehrfach am Tag. Nicht nur mein Hirn, sondern auch mein Körper brauchte Pausen.

Für Anette war es wichtig, dass sie bei allen Therapieeinheiten dabei sein konnte, meine Therapeutinnen banden sie in den Genesungsprozess mit ein. Sie war im Grunde Teil der Therapie. Das tat ihr gut, und natürlich tat das auch mir gut. Bei den Töchtern von Frau Lauer gab es auch diesen Prozess. Sie konnten Hilfe annehmen. Dadurch wandelte sich die anfängliche Angst in Mut. Das ist eine große Herausforderung auf einer Palliativstation: die Angehörigen verstehen, sie unterstützen, sie einbinden. All das fördert jedoch einen Prozess, der heilsam ist.

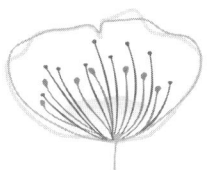

Die eigenen Gefühle erkunden und trauern lernen

»Das ist doch alles Scheiße hier, ihr könnt ja gar nichts«, poltert Herr Franz im Patientenzimmer. Herr Franz hatte eine leitende Stellung in einer großen und bedeutenden Firma. Er war es gewohnt, dass die Dinge so liefen, wie er es wollte. Jetzt, in der Zeit seiner Erkrankung merkt er, dass er gar nichts mehr kontrollieren kann. Sein Ausweg: Er wütet und poltert über die »blöde« Krankheit, über die inkompetenten Ärzte, die unhöflichen Schwestern, über das Essen, das nicht schmeckt. »Das ist doch ein miserabler Saftladen hier, da muss man sich ja beschweren!« Ein Rundumschlag, zu dem er da ausholt.

Bei einem meiner Besuche bei ihm spreche ich ihn direkt auf die Wut an. »Herr Franz, Sie sind, das merken wir alle deutlich, ziemlich wütend, Sie schimpfen über das Essen, meckern mit den Schwestern und poltern über Ihre Familie. Wem oder was gilt eigentlich die Wut, das sind doch nicht das Essen oder die Schwestern. Was genau ist das?«

Herr Franz stutzt. Dann fängt er noch mal mit dem Essen an. »Den Fraß müssten Sie mal selber probieren, ich sage Ihnen:

ungenießbar. Das müsste verboten sein, einem so was vor die Nase zu stellen. Da vergeht einem ja der Appetit.«

»Herr Franz, jetzt mal im Ernst. Sie sind wütend wegen eines Essens, das Ihnen nicht schmeckt? Das glaube ich Ihnen nicht.«

Wieder stutzt er. Dann sagt er: »Wissen Sie, eigentlich stinkt es mir gewaltig, dass ich hier nicht sagen kann, wo es langgeht. Ich bin es gewohnt, dass ich die Ansagen mache, schließlich habe ich eine große Abteilung geleitet. Und dann kommt dieser Scheißkrebs und fort ist die Herrlichkeit des Bestimmens, verstehen Sie das?«

»Ja, ich glaube schon. Ihr ganzes Lebenskonzept ist durcheinander und dann werden Sie schlicht sauer auf alle und alles.«

»Genau so ist das.«

»Sagen Sie mal, Herr Franz, wenn Sie noch mal genauer hinspüren, gibt es da vielleicht noch ein anderes Gefühl in Ihnen?«

»Wie meinen Sie das?«

»Ich meine, dass tiefer in Ihnen vielleicht noch etwas anderes sitzt, was sie beschäftigt.« Jetzt wirkt Herr Franz nachdenklich. Er sinnt nach, das sehe ich ihm an. Eine längere Pause entsteht. Schließlich sagt er: »Ich habe schlicht Schiss, dass ich den Löffel abgeben muss.«

»Das macht Ihnen Angst?«

»Genau, das macht mir Angst. Ich bin noch nicht so weit, ich will noch leben, aber ich spüre seit einiger Zeit, wie bedrohlich alles wird. Das ist nicht schön.« Auf einmal klingt er mehr resigniert als wütend.

»Wissen Sie was, ich komme morgen noch mal wieder, aber ich möchte eine Abmachung mit Ihnen treffen.« Jetzt ist Herr Franz neugierig. Ich fahre fort: »Ich glaube, dass wir Menschen nicht nur rationale Entscheidungswesen sind, sondern eben auch emotional reagieren. Das haben Sie ja in den letzten Tagen wohl bemerkt. Und hinter oder unter der Wut, die Sie nach außen so kraftvoll leben, gibt es meist noch ein oder zwei andere, weichere Gefühle als die Wut. Spüren Sie mal hin, was da noch ist. Sie erwähnten bereits die Angst, aber ich bin mir sicher, da ist noch etwas.«

Am nächsten Tag besuche ich Herrn Franz erneut und begrüße ihn lächelnd: »Na, Herr Franz, haben Sie Ihre Hausaufgaben gemacht?«

Er grinst. Dann sagt er ernst: »Habe ich, und Sie haben Recht. Heute Nacht wachte ich auf und ganz plötzlich war ich unendlich traurig. Ich war völlig überrascht. Ich dachte immer, ich sei ein harter Hund. Bin ich wahrscheinlich auch, aber dass ich so traurig sein kann, das hat mich dann doch überrascht.«

»Was meinen Sie denn, wie das jetzt alles zusammenpasst?«, frage ich ihn.

»Weiß ich noch nicht genau, aber dass da neben der Wut, die ich so gut kenne, noch zwei andere Gefühle wie Angst oder Traurigsein da sind, da muss ich noch mal drüber nachsinnen.«

Ich bin zufrieden. Herr Franz hat quasi über Nacht eine erstaunliche emotionale Entwicklung gemacht.

Das Team ist überrascht, dass von diesem Gespräch an die Meckerei von Herrn Franz einfach aufhört. Als wäre er um etliches weicher geworden.

Tja, da sind sie, die Gefühle. Von Herrn Franz habe ich gelernt, dass es unter der kochenden und polternden Oberfläche der Wut noch ganz andere Gefühle gibt, wie Angst oder das Traurigsein oder auch das schlechte Gewissen. Damit unsere Seele, in einem ganzheitlichen Sinn, heil werden kann, müssen wir Wege finden, unsere vielfältigen Gefühle zu ergründen, zu erspüren und auszudrücken.

In meiner Arbeit mit Herrn Franz und allen anderen Patienten habe ich es mir zur Aufgabe gemacht, genau auf die Gefühle meines Gegenübers zu achten. Ich schaue in ihre Gesichter, betrachte ihre Augen, beobachte ihre Körperhaltungen und höre genau zu, wie sie sprechen. Natürlich interessiere ich mich auch für das, was sie sagen, aber im Umgang mit Gefühlen ist es wichtig, auf den Klang der Stimme zu achten: Ist sie fest oder eher brüchig? Was sagt mir die Melodie der Stimme? Das Gesamtbild all dieser Wahrnehmungen ergibt eine Vermutung. Ich spüre im Gespräch recht gut, welche Gefühle sich da regen und sich zeigen wollen. Wenn ich ein Gefühl erahne oder erspüre, spiegle ich dieses Gefühl meinem Gegenüber zurück. Das heißt, ich benenne das erspürte Gefühl. Gefühle haben wir Menschen eigentlich immer. Und wir spüren sie immer wieder, gerade, wenn sie kraftvoll sind. Aber sie sind in uns drin, sozusagen als gebundene Kraft. Erst wenn ein einfühlsames Gegenüber das Erspürte beim Namen nennt, kann es sein, dass es dann auch vom Betroffenen selbst ausgesprochen wird. Ausgesprochene Gefühle sind eben anders in der Welt als nur gefühlte Gefühle. Und einmal ausgesprochen können zwei oder auch mehr Menschen miteinander darüber sprechen. Ein Fließen kann sich einstellen. Menschen werden so handlungsfähiger. So war das auch bei Herrn Franz. Erst als er sich den tieferen Gefühlen in seinem Inneren stellte, kam etwas in Fluss, sein Verarbeitungsprozess nahm Fahrt auf.

Ich frage Herrn Franz, was er nun mit seinen Gefühlen macht.

Herr Franz überlegt. »Ich glaube, ich will das meiner Frau und den Kindern erzählen, wenn sie nachher kommen. Ich denke, mit der Angst komme ich ganz gut klar, die passt zu meiner Wut. Aber das mit dem Traurigen, da weiß ich noch nicht so recht mit umzugehen.«

So verabreden wir uns für den nächsten Tag, um das Thema weiter zu besprechen.

»Und, Herr Franz, wie geht es Ihnen mit dem Traurigsein?«, frage ich ihn nach dem Betreten des Zimmers.

»Wissen Sie, ich habe das meiner Frau erzählt. Und die hat gesagt, das sei doch ganz normal, dass mich das alles traurig macht. Ich solle das ruhig zulassen. Es wäre doch sehr eigenartig, wenn ich dieses Gefühl nicht entdecken würde.«

»Das heißt, jetzt sind Sie einen Schritt weiter. Sie müssen nicht mehr gegen irgendetwas tief in Ihnen ankämpfen. Sie können sich das ansehen, und Sie haben es mit Ihrer Frau geteilt. Das wird Ihnen sehr helfen in der nächsten Zeit, da bin ich mir sicher.«

Und so ist das auch. Herr Franz fügt sich in sein Schicksal; auch die Meckerei dem Krankenhauspersonal und dem Essen gegenüber hört wie gesagt von einem Tag auf den anderen auf. Wir unterhalten uns immer wieder gerne, oft sprechen wir über sein gelebtes Leben und die Pläne, die er nach der Entlassung nach Hause noch so umsetzen will. »Ich habe mir einen Bausatz für ein Gewächshaus gekauft, für Tomaten und so, wissen Sie. Ich bin handwerklich ziemlich begabt, und das Gewächshaus, das will ich zu Hause aufbauen.«

»Das finde ich toll. Sehen Sie, Herr Franz, als wir uns kennenlernten, gab es nur die Wut. Dann entdeckten Sie Ihre Angst und Ihr Traurigsein. Und jetzt gehen Ihre Gedanken kraftvoll nach vorne und Sie planen, was Sie noch alles in Angriff nehmen wollen. Gratulation.«

Die Geschichte von Herrn Franz ermutigte mich, genau auf meine eigenen Gefühle zu achten, sie zu erspüren und zu durchleben. Ich ließ es zu, dass ich anfangs resigniert feststellte, dass nichts so recht funktionieren wollte, was früher normaler Alltag für mich war. Ich ließ die Traurigkeit, die Wut und auch die Angst zu. Und ich stellte etwas fest: Je mehr Gefühle ich zuließ, desto positiver wurden sie mit der Zeit. Hinspüren bedeutet auch immer, Verbesserungen bereits in kleinsten Dosen wahrzunehmen. Und das macht Hoffnung.

Herr Marx ist Anfang 60 und hat ein Gallengangskarzinom mit vielen Lebermetastasen. Er ist verheiratet, hat aber keine Kinder. Seine Frau ist sehr sorgend und oft zu Besuch. Als ich die beiden kennenlerne, spüre ich sofort die große Zuneigung, die beide miteinander verbindet, das rührt mich selbst an. Da beide offen sind, sprechen wir viel über die Situation, so wie sie sich bis jetzt entwickelt hat. Ich merke, dass beide sehr traurig sind, dass sein Leben nun zu Ende geht. Frau Marx erzählt: »Wir hatten doch noch so schöne Pläne für die Zeit in der Rente. Alles das ist jetzt vorbei!«

Frau Marx bekommt den Vorschlag, dass sie in einem Bett neben ihrem Mann schlafen kann. Diesen Vorschlag nimmt sie sofort an. Die Schwestern versorgen sie mit Essen und Getränken. So kann sie Tag und Nacht bei ihm bleiben. Ich besuche beide täglich. Herr Marx wird aufgrund seiner Lebermetastasen immer müder, kann sich an Gesprächen immer weniger beteiligen. Dafür redet Frau Marx umso mehr. »Wissen Sie, Herr Aurnhammer, wir haben uns vor 30 Jahren unser Haus gebaut. Mein Mann ist ja Architekt. Sie müssten es mal sehen, es ist so geworden, wie wir es uns gewünscht haben. Und ich als alte Blumenfrau habe mich immer um den Garten gekümmert. Leider haben wir nie Kinder bekommen, das ist wirklich schade, die könnten wir jetzt wirklich gebrauchen. Viele Freunde haben wir auch nicht, mein Mann war sehr häuslich, wir dachten immer, das brauchen wir nicht. Große Gesellschaften oder Feiern haben wir immer gemieden. Wir waren uns selbst genug.

Irgendwann in diesen Tagen komme ich auf das Thema Trauer zu sprechen.

»Ja«, sagt Frau Marx, »ich spüre das in diesen Tagen sehr intensiv, wie mich die Trauer packt. Manchmal bin ich stinkewütend auf das Leben, aber meist bin ich sehr, sehr traurig, dass es ist, wie es ist.«

Sie weint öfter in meinem Beisein, als würde sie schon im Voraus trauern. Nach einigen Tagen stirbt ihr Mann in der

Nacht. Sie ist dabei. Die Nachtschwester berichtet, er sei ganz ruhig von der Welt gegangen.

Herr Marx und seine Frau sind ein gutes Beispiel für einen gelingenden Trauerprozess. Ich lernte von den beiden, wie wichtig es ist, das eigene Schicksal mit offenen Augen zu betrauern. Dieses Vorbild half mir, mich all den Verlusten, die ich an mir erlebte, zu stellen. Ich konnte meine verlorenen Fähigkeiten relativ tapfer anschauen. Aber ich musste sie eben auch immer wieder beweinen. Ich trauerte wie so viele Patienten und Angehörige, die ich in den Jahren kennenlernte. Ich musste einfach da durch. Nur so konnte mein Leben weitergehen. Und ich musste, wie Herr Marx, seine Frau und Herr Franz, meine Gefühlswelt erkunden: erschrocken, ärgerlich, wütend, enttäuscht und immer wieder traurig. Es gab so viel zu entdecken. Ärgerlich war ich selten, meist überfiel mich tatsächlich die Traurigkeit. Und ich hatte stets die bange Frage im Kopf, wie es weitergehen sollte. Irgendwann merkte ich: Es ging voran. Langsam, aber in eine ermutigende Richtung. Ein zartes Gefühl von Hoffnung kam auf, nichts Konkretes, aber eine zarte Bewegung in mir. Mein Hirn lernte neu und entdeckte alte Fertigkeiten neu, das tat gut. Aber es dauerte lange, bis ich vieles wieder konnte. Um mein Gedächtnis zu testen und zu trainieren, spielte ich immer wieder Memory. In den ganzen Wochen kam ich über vier Paare nicht hinaus. Erst in der nächsten Rehaklinik wurde das besser. Nun denn, nicht alles kann klappen.

Doch da war noch etwas anderes, das meinen Alltag zu großen Teilen mitbestimmte: Der Mensch lebt ja nicht von Luft und Liebe. Er muss auch essen. Das galt für mich im Besonderen, nachdem ich so viel abgenommen hatte. Also tappten Anette und ich vom Zimmer aus tapfer nach links, zum Speisesaal. Da spielten sich in der ersten Zeit teils skurrile Szenen ab, die man sich als Gesunder im Leben nicht vorstellen kann. Die ersten Tage brauchte ich ein Lätzchen. Peinlich. (Wieder so ein Gefühl, das mich lange Zeit nicht losließ.) Aber ich konnte weder Löffel noch Gabel gerade halten. Beim Löffel fing es an. Mein Hirn hielt es für sinnvoll, den Löffel so zu halten, dass ich auf die nach außen gebogene Seite schaute, statt in die Mulde hinein. So ging das nicht. Also begann Anette mich zu füttern. Ich kleckerte fleißig. Mein Hirn konnte nicht so recht koordinieren, wie ich was halten musste. Anette half, bis ich es irgendwann selbst konnte.

Interessant, aber für meine Gefühlswelt sehr verstörend, war das Frühstück. Wer erfolgreich essen will, muss seine Hände koordinieren, sonst bleibt man hungrig. Aber das mit dem Koordinieren ging damals nicht. Die eigentlich einfache Aufgabe, Müsli mit einer Schöpfkelle in ein Schälchen zu füllen, stellte mich vor ungeahnte Herausforderungen. Entweder hielt ich die Schale schief oder die Schöpfkelle. Ich bin dem tapferen Personal bis heute dankbar. Sie mussten mehr als einmal meine Kleckereien vom Boden aufwischen. Beim Essen gelang zunächst die richtige Löffelhaltung. So konnte ich wenigstens die Suppen essen. Stufe zwei war dann die Sache mit der Gabel. Schritt eins war hier, das Essen auf die Gabel zu schieben. Das gelang tatsächlich. Ein Mittfünfziger isst mit der Gabel, hat man das schon mal erlebt? Aber erst ein oder zwei Wochen später entdeckte ich, dass ich ja mit der Gabel auch etwas aufspießen kann. Heureka! Welch eine Entdeckung! Ein Stück Freiheit mehr. Die Krönung war dann, dass ich es tatsächlich schaffte, mit dem Messer etwas auf die Gabel zu schieben.

Ein kleines Stück Selbstständigkeit schien zurückzukehren. Es waren die kleinen Schritte, die mich spüren ließen, dass ich nicht verloren war. Der »Apraktiker« lernte die Alltagspraxis neu. War das erschreckend? Und ob, das kann ich Ihnen sagen. Zugleich freute es mich, dass ich mir das Besteck »zurückerobern« konnte. Vieles war in dieser Zeit ambivalent. Ging es nach vorne, stagnierte es, machte ich vielleicht sogar Rückschritte?

Meine Gefühle spielten Purzelbaum. Normalität war das jedenfalls nicht. Anstrengend und herausfordernd war das alles. Denn immer wieder holte mich auch meine Apraxie ein. Es gab nicht wenige Tage, an denen ich am liebsten alles hingeschmissen hätte. An anderen Tagen konnte ich meine Links-Rechts-Schwäche durchaus mit Humor sehen. Und an wiederum anderen Tagen übte ich beharrlich, bis ich einen klitzekleinen Fortschritt spürte. Ich hatte zum Beispiel entdeckt, dass ich mich selbst nicht anziehen konnte. Ich war bestürzt über diese Erkenntnis. Das hatte doch jahrzehntelang bestens geklappt. Anette wollte nun versuchen, mir das erneut beizubringen, aber es wollte nicht klappen. Ärger kam auf, aber immer wieder war ich schlicht tieftraurig und enttäuscht über meine verlorenen Fähigkeiten als Erwachsener. »Das gibt es doch gar nicht«, sagte ich oft, laut und leise. Sollte ich resignieren? Nein, das wollte ich nicht. Ich lernte Ergotherapeutin Frau Blasius kennen. Sie kam täglich zu mir, um mich in die Geheimnisse einzuweihen, wie der Mensch seine Kleidung anzieht. Die große Herausforderung war das T-Shirt. Wie zieht man das denn an, wenn man es vergessen hat? T-Shirts sind komplexe Gegenstände, man glaubt es kaum. Es gibt ein Vorne und ein Hinten, ein Oben und ein Unten, ein Innen und ein Außen und ein Links und ein Rechts. Verflixt, schon wieder links und rechts. Die vielen verschiedenen Dimensionen waren außerdem ziemlich unübersichtlich, jedenfalls für ein lädiertes Hirn wie meines. Frau Blasius gab mir ein T-Shirt in die Hand und ich sollte entscheiden, wie herum ich es auf das Bett legen sollte, um es anschließend anzuziehen. Ich hatte keine Ahnung.

»Herr Aurnhammer, Sie müssen das T-Shirt mit dem Rücken nach oben auf das Bett legen.« Aber was ist bei einem T-Shirt der Rücken, vor allem, wenn man nur T-Shirts mit Rundhalsausschnitt hat? Da sehen doch beide Seiten fast gleich aus. Fast.

»Sehen Sie, es gibt hinten oben ein kleines Etikett, daran können Sie das erkennen.«

Gesagt, getan. Ich fand die richtige Seite.

»Und jetzt müssen Sie von innen mit Ihrem linken Arm nach oben fahren und dann links abbiegen, dann gelangen Sie zum linken Ärmelloch. Dann ziehen Sie das Shirt über den linken Arm Richtung Schulter, dann noch über den Kopf, stecken den rechten Arm durch das recht Ärmelloch und fertig sind Sie.« So weit Frau Blasius.

Kurzum: Ich schaffte es nicht. Irgendwie kriegte mein Hirn die Linksabbiegerspur nicht hin und ich landete mit meinem Arm immer wieder im Halsausschnitt.

Frau Blasius brachte am nächsten Tag ein Hilfsmittel mit, einen blauen Eddingstift mittlerer Größe. Den legte sie etwa zehn Zentimeter links vom linken Ärmelloch auf die Matratze. »Sehen Sie den Stift?«, fragte sie mich.

»Klar, den sehe ich.« Ich war zwar unkoordiniert, aber meine Augen funktionierten prima.

»So, und nun das Gleiche wie gestern«, forderte mich Frau Blasius auf. »Aber aufgepasst: Sie müssen die Kurve nach links kriegen. Schauen Sie noch einmal, wo der Stift liegt, der ist Ihr Ziel.«

Also dann, ran ans Werk. »Das werde ich schaffen«, sagte ich mir. Ich befolgte die Anweisung und landete: im Halsausschnitt! So ein Mist, das gibt's doch nicht. Also noch einmal. Ergebnis: Halsausschnitt! Noch einmal: Wieder Halsausschnitt. Du meine Güte, mein Hirn war wirklich durcheinander. »Ich werde doch nicht beim Anziehen dieses popeligen T-Shirts scheitern«, sagte ich mir. Nicht mit mir! Mein Ehrgeiz war geweckt. Und ich spürte, wie ärgerlich ich war. Jetzt wollte ich es wirklich schaffen. Noch mehrere Male landete ich an der falschen Stelle. Dann geschah es: Ich hob die Rückseite hoch, schob den linken Arm hinein, tastete mich vorsichtig nach oben, aber jetzt passte ich auf. Ich fixierte den Edding, der da links lag, der war mein Ziel. Und siehe da, mein Arm lugte aus dem linken Ärmelloch hervor. Ich hatte es tatsächlich geschafft. Mein erstes T-Shirt, ganz allein angezogen. Im Zimmer kam Jubel auf. Frau Blasius, meine Frau und ich, wir strahlten und lachten um die Wette. Klaus kann sich allein ein T-Shirt anziehen! Unglaublich. Und das mit 56! Dieses Erlebnis beflügelte mich. Meine Beharrlichkeit schien sich auszuzahlen.

Ich begann, mir die Alltagspraxis wieder zurückzuholen. Ein Anfang war gemacht. Natürlich brauchte ich noch viele Wochen, bis das Anziehen sämtlicher Kleidungsstücke reibungslos gelang, aber immerhin, ich hatte etwas geschafft, von dem der Neurologe auf der Intensivstation gesagt hätte: »Never.« Dennoch zeigte mir mein Hirn immer wieder aufs Neue, in welch engen Grenzen ich gelandet war. So vieles hatte ich verloren, und so trauerte ich. Immer wieder überkam mich tiefe Traurigkeit, mir kamen die Tränen, ich hatte regelrecht Heulkrämpfe. Die Realität holte mich immer wieder ein. Kein schönes Gefühl. Nun bin ich eben so gestrickt, dass ich dann, wenn etwas nicht gelingt, eher traurig als wütend werde. Das war wiederum hilfreich. Die Wut ist wie ein Schutzwall für tiefer gelegene Gefühle, so wie es bei Herrn Franz der Fall war. Wer eher wütend als traurig wird, muss sich erst einmal durch die Wut wühlen, bis er erkennt, dass es etwas zu betrauern gibt. Dann kann der Trauerprozess weitergehen. Und es ist völlig in Ordnung, sich die Zeit zu nehmen, die es eben braucht. Gefühle verschwinden nicht einfach. Sie wollen gesehen, erlebt und auch geteilt werden.

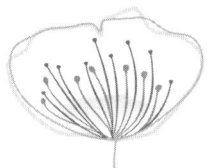

Die Hoffnung nähren

Frau Bremer leidet an einem weit fortgeschrittenen Brustkrebs, der bereits in die Knochen gestreut hat. Sie klagt über Schmerzen und Unwohlsein. Die Ärzte hatten ihr in mehreren Gesprächen offen mitgeteilt, wie der Befund aussieht. Sie aber scheint das alles gar nicht registriert zu haben. Sie spricht von der Hoffnung auf Heilung und zieht ihren Mann in Planungen für eine große Reise ein, die sie in diesem Jahr noch antreten will. Sie verschließt ihre Augen vor der bitteren Realität. Damit ist auch schon klar, welche Funktion dieses irrationale Verhalten hat. Frau Bremer schützt sich und ihre Seele vor der Erkenntnis, dass ihr Leben nicht mehr lange währen wird. Das ist mehr als legitim. Eigentlich ist dieser Selbstschutz, den wir Menschen in uns tragen, etwas ganz Wertvolles.

Bei einem meiner Besuche fasse ich Mut und sage: »Frau Bremer, Sie sprechen von Ihren Urlaubsplänen, aber wenn ich Sie über Ihren Schmerz klagen höre, dann merke ich, dass Sie doch irgendwie zweifeln, dass es klappt mit dieser Reise.«

»Ach wissen Sie, ich spüre doch genau, wie meine Kräfte schwinden, aber ich habe mein Leben immer nach vorne gelebt, nie nach hinten. Und Sie wissen doch: Die Hoffnung stirbt zuletzt.«

»Möchten Sie mir erzählen, wohin Sie noch so gerne reisen wollen?«, frage ich nach.

Und dann legt Frau Bremer los. Eine Kreuzfahrt auf dem Mittelmeer soll es sein. Und sie erzählt strahlend von den Planungen, die sie schon längst gemacht hatte. Ihre Augen leuchten und das Gesicht strahlt. Es fehlt nicht viel und wir hätten das Tuten des Schiffes und das Planschen im Pool hören können. Welch eine Kraft in unserer menschlichen Hoffnung steckt. Am Ende unseres Gespräches bedankt sich Frau Bremer bei mir. »Wissen Sie, ich weiß ganz genau, dass ich das alles gar nicht mehr erleben werde. Aber es hat so gutgetan, mit einem Fremden darüber zu sprechen und die Kraft zu spüren. Stellen Sie sich mal vor, ich hätte das meiner Familie erzählt. Die wären alle bestürzt und betroffen gewesen und hätten gar nicht gewusst, was sie hätten antworten sollen. Die wissen doch genau wie ich, wie es um mich steht. Wahrscheinlich hätten die mich einfach ausgebremst. Das wäre für mich nicht hilfreich gewesen. Aber nun durfte ich Ihnen das erzählen, und das tat gut. Vielen Dank dafür.«

Ich bin ein wenig überrascht. Frau Bremer weiß im Grunde sehr genau, dass sie diese Reise nicht antreten und erleben wird. Und doch braucht sie einen Gesprächspartner, der diese Kraft erspürt, anspricht und sie erzählen lässt. Das ist ähnlich wie mit den Gefühlen. Solange die Hoffnung in einem steckt, ist sie zwar da und wirkt auch irgendwie, aber erst, wenn es eine

Erlaubnis gibt, von ihr zu erzählen, entwickelt sich die Dynamik, die in jeder Hoffnung steckt. Das war es eben, was Frau Bremer so guttat.

Frau Bremer lehrte mich die Kraft der Hoffnung. Die Hoffnung ist eine große Kraft, sie gehört zum innersten Kern des Menschen und lässt uns nach vorn schauen. Auch wenn die Hoffnung noch so irrational ist, sie ist Lebenselexier pur. Das gilt es in Krisenzeiten zu nähren. Auch ich entdeckte, erst zaghaft, später immer kraftvoller, die Kraft der Hoffnung. Ich durfte mit Anette, meinen Freunden und manchem Therapeuten meine Gedanken teilen. Ich fühlte mich eingeladen, von dieser zarten Blüte meiner Hoffnung zu erzählen. Niemand unterbrach oder stoppte mich dabei. Das tat mir so gut, wie es auch Frau Bremer guttat.

Meine Neuropsychologin hieß Frau Duchenne, geboren und aufgewachsen in Frankreich und gesegnet mit französischem Charme und ebensolchem Akzent. Sie hatte sich als Psychologin darauf spezialisiert, mit Menschen zu arbeiten, deren Gehirn in irgendeiner Weise geschädigt war. Sie hatte den Auftrag, für mich eine passende Diagnose zu finden und dann mit mir und meinem Hirn zu üben. Es sollten gezielte Übungen sein, die meine Defekte im Kopf verbessern sollten. Sie stellte schnell fest, dass einige Hirnareale in Mitleidenschaft gezogen worden waren: die Apraxie, das mangelhafte Gedächtnis, die Raumwahrnehmungsschwäche, die Lücken in der Logik. Das war nicht gerade wenig. Frau Duchenne hatte sich für mich daher viele Übungen überlegt. Zunächst legte sie mir ein Blatt vor, das viele und ganz unterschiedlich große und lange Pfeile zeigte. »Welche Pfeile zeigen nach links, Herr Aurnhammer, welche nach rechts, welche nach oben, welche nach unten?«, fragte sie mich.

Das war schwierig. Bei links und rechts kam ich nach wie vor mächtig durcheinander, bei oben und unten nie. Frau Duchenne merkte bei unseren Übungen schnell, dass ich nach vorne wollte. »Ich kann Ihnen gerne noch Übungsblätter auf Ihr Zimmer bringen, dann können Sie und Ihre Frau weiter üben«, bot sie mir daher an. Klar wollte ich das. Und so bekam ich täglich neben der Therapiesitzung Hausaufgaben mit, die ich dann bearbeiten konnte. Meine Frau wachte jeden Tag über die Hausaufgaben, sie korrigierte, wo zu korrigieren war, und motivierte immer. Das half so nach und nach. An der Magnetwand in unserem Zimmer hingen auch die Blätter mit den Pfeilen, so konnte ich immer wieder üben, üben, üben.

Außerdem machte Frau Duchenne mit mir Gedächtnisübungen. »Herr Aurnhammer, ich nenne Ihnen jetzt zwei Zahlen, und Sie wiederholen Sie bitte in umgekehrter Reihenfolge: 1, 9.«

Das war leicht. »9 und 1«, grinste ich.

»Gut, dann jetzt drei Zahlen: 2, 5, 8.« Auch das gelang schnell. Als sie dann auf fünf Zahlen hochfuhr, setzte mein Hirn aus. Das war zu viel: Ich konnte mir keine fünf Zahlen merken und sie in umgekehrter Folge wiederholen, Donnerwetter, da war mächtig Nachholbedarf. Also übten wir an dieser Leistung. Aber das Ergebnis war frustrierend. Wieder spürte ich tiefe Traurigkeit über diesen kognitiven Verlust. Erfolge erzielte ich nicht in der Früh-Reha-Phase in Elzach, das kam erst später in der nächsten Klinik in Illingen.

Die Störung meiner Raumwahrnehmung zeigte sich täglich auch auf unserem Zimmer. An der Wand gegenüber meinem Bett hing eine recht große analoge Uhr. Wie jeder weiß, hat eine solche Uhr in der Regel drei Zeiger, je einen für die Stunden, die Minuten und die Sekunden. Ich schaute drauf und stellte entsetzt fest: Ich kann die Uhr nicht mehr lesen. Meine Augen und mein Hirn passten nicht mehr zueinander. »So eine blöde Uhr«, schimpfte ich, »die kann doch kein Mensch lesen, was ist denn mit der los?«

»Klaus, die Uhr geht völlig richtig, es ist jetzt Viertel nach elf«, sagte Anette. Ich merkte, dass auch die Armbanduhr, die bisher in der Nachttischschublade gelegen hatte, irgendeinen Defekt hatte. Sie zeigte mir nämlich auch irgendwelchen Unsinn an. Die Welt hatte irgendetwas gegen mich. Ich beauftragte Anette, mir in einem Geschäft nahe der Klinik eine Digitaluhr zu besorgen, das Lesen von Zahlen hatte ich glücklicherweise nicht verlernt. Das machte sie auch. Aber sie brachte noch etwas mit. Sie kam mit einem Lernspiel für Kinder ab vier Jahren. In der Schachtel waren eine hölzerne Uhr, die man auf den Tisch stellen konnte, und einige kleine Karten mit unterschiedlichen Angaben. An der Uhr waren zwei Zeiger angebracht, die sich mit den Fingern verstellen ließen. Klar: ein Zeiger für die Stunden, einer für die Minuten. Gott sei Dank kein Zeiger für Sekunden, das hätte mich wohl aus der Bahn geworfen. Ich zog das erste Kärtchen: »20:15«. Das Kind, das war in dem Fall ich, musste nun also die beiden Zeiger so schieben, dass es passte. Der Anfang war erneut unendlich holprig, ich konnte alles klar lesen und benennen, aber das Gelesene auf die Spieluhr zu übertragen, das war schwer. Aber von Mal zu Mal ging es besser. Es machte mir richtig

Spaß. So lernte ich also zum zweiten Mal, die Uhr zu lesen. Was man alles verlieren kann. Und wie mühsam ist es, wieder »normal« zu werden. Aber mal ehrlich: Was, bitte schön, ist schon »normal«? Die digitale Armbanduhr tat ihre Dienste zu meiner vollsten Zufriedenheit, sie hatte sogar einen Lichtknopf. Um sie aber stellen zu können, mussten wir den Computer, der auch für Patienten zugänglich war, bemühen. Da konnten wir dann eine gut lesbare Anleitung ausdrucken. Interessant war, dass ich im Umgang mit dem PC mein Können tatsächlich abrufen konnte. Ich wusste mit dem Browser umzugehen, hatte eine Ahnung, wie wir auf der Casio-Seite das entsprechende Modell finden konnten, und wusste sogar, wie man etwas ausdruckt. Das war ein Erfolg. So blöd war ich also dann doch wohl nicht. Die Wanduhr fand ich allerdings die ganze Zeit, die wir in Elzach verbrachten, weiter doof. Ich beharrte darauf, dass sie irgendwie falsch lief. Ein bisschen Verdrängung ist schon erlaubt. Zumal ich eigentlich ein kleiner Uhrenliebhaber bin. Ich habe eine kleine Sammlung von ungefähr 40 Uhren in meinem Schrank. Bei einem Stadtbummel in Elzach entdeckte ich eine wunderschöne Automatikuhr. Ich war sofort verliebt in diese Uhr. »Schau mal, Anette, die Uhr da, die gefällt mit gut.«

»Hast du dir mal den Preis angeschaut, Klaus?« Hatte ich natürlich nicht. Die Uhr sollte 400 Euro kosten. So viel hatte ich noch nie in meinem Leben für eine Uhr ausgegeben. Wir gingen zurück zur Klinik. Aber die Uhr hatte sich nun in meinem Hirn festgesetzt. Ziemlich am Ende des Aufenthaltes in Elzach habe ich es dann tatsächlich gemacht. Ich erstand eine Uhr, die ich zum damaligen Zeitpunkt noch gar nicht lesen konnte. Ich trage sie mittlerweile mit großem

Stolz, es ist meine »Krankenuhr« geworden. Belohnung muss dann eben auch sein.

Kleine Dinge wie der Stadtbummel mit Anette und diese Uhr schafften es, mir Hoffnung zu geben. Auch meine Freunde nährten meine Hoffnung. Bei einem Telefonat mit Toni aus München erzählte dieser mir von seiner Freundin aus Paris. Sie ist Nonne in einem sehr strengen Orden, der seine Schwestern an einer sehr kurzen Leine hält. Diese Nonne habe ihm eines Tages gesagt: »Weißt du, Toni, nichts ist von Bedeutung.« Dieser Satz fiel aus einem Grund, den ich damals noch nicht ermessen konnte, tief in meine Seele. »Nichts ist von Bedeutung.« Was sollte das heißen? Ist wirklich nichts von Bedeutung? Dann wäre doch alles menschliche Bemühen sinnlos. Konnte das der Sinn dieses Spruches sein? Mein Freund und ich bewegten den Satz hin und her. Irgendwann meinte Toni: »Weißt du, Klaus, der Satz ist ja zweideutig. Wenn du das ›nichts‹ kleinschreibst, dann wäre alles egal. Was aber wäre, wenn man das ›Nichts‹ großschreiben würde? Das würde dann doch heißen, dass es im Leben darum ginge, dem ›Nichts‹ nachzugehen. Und auch wenn du das ›nichts‹ klein lässt, ergibt es doch irgendwie Sinn, denn dann bewertest du eben nichts so groß, dass es dich überfordert oder zerstört, das nennen wir doch Gelassenheit, oder nicht?«

Toni ist katholischer Theologe, praktiziert aber viele Jahre schon Zazen, jene östliche Art der Meditation, in der es darum geht, leer zu werden, offen für das, was ist. Die östlichen Weisheitslehren beschreiben immer wieder dieses »Nichts«, um das es geht. Auch in der christlichen Mystik gibt es dieses Bestreben, sich ganz leer zu machen. Beide Traditionen sagen: Erst wenn du das »Nichts« anstrebst, dann wirst du das »Sein«, das Wirkliche im Leben entdecken. Da Anette und ich in der Kontemplation erfahren sind, dem westlichen Gegenstück des östlichen Zazen, konnte ich dem gut nachspüren: dem »Nichts« auf der Spur zu sein, um eine neue Wirklichkeit für mich zu entdecken, das klang nach einem guten Weg. Erst in der nächsten Klinik allerdings begann ich intensiv zu meditieren, hier in Elzach war mir nicht danach.

Die Klinik in Elzach liegt mitten im Schwarzwald. Anette und ich machten ausgedehnte Spaziergänge und suchten uns Lieblingstrecken aus, die wir dann voller Besitzerstolz (»Das ist unser Wald!«) auch unseren Wochenendbesuchern zeigten.

Eines Tages wollte ich mit Anette in den Wald gehen, um meine Chefin anzurufen. Das hätte ich natürlich nicht gemusst, sie wusste über meinen Zustand bestens Bescheid. Mir war aber danach. Für mich war das damals ein zartes Zeichen Richtung Normalität. Ich sagte ihr, dass es mir gut ginge, dass es wohl aber noch eine ganze Weile dauern würde, bis ich all meine Baustellen zufrieden stellend hinter mir lassen würde. » Herr Aurnhammer«, sagte sie ruhig, »lassen Sie sich bitte alle Zeit der Welt, wir warten hier einfach auf Sie. Schauen Sie, dass Sie verlorene Fähigkeiten zurückgewinnen. Ich glaube fest, dass Sie das gut durchstehen werden.«

»Danke, ich komme wieder, Sie werden sehen, mein Tag war noch nicht gekommen.« Beflügelt von dem Gespräch mit meiner Chefin ging ich zusammen mit Anette zurück in die Klinik.

An einem anderen Tag waren Anette und ich wieder unterwegs im Wald. Es war ein heißer und schwüler Tag. Wir waren schon gut eine

Stunde unterwegs, bevor wir drehten. Auf einmal kam Wind auf, die Bäume um uns herum begannen zu singen. Der blaue Himmel war weg, stattdessen zogen bedrohliche Wolken auf, ein Gewitter war im Anmarsch. Also schnell zurück. Da begannen die ersten Tropfen auf unsere Köpfe zu fallen. Noch waren wir im Wald ein wenig vor Regen geschützt. Wir wussten aber, dass wir noch eine gute halbe Stunde im Freien zu laufen hatten. Der Regen wurde stärker, wir suchten Zuflucht unter einigen einigermaßen dichten Bäumen, einen Unterstand gab es nirgends. Dann begann es auch unter den Bäumen kräftiger zu regnen. Es half nichts, wir mussten unser Heil in der Flucht nach vorne suchen. Also raus aus dem Wald und im ungeschützten Freien Richtung Klinik rennen. Das taten wir auch. Der Regen prasselte auf uns herab, wir waren schnell klatschnass. Egal, weiter. Irgendwann kamen wir triefend vor Nässe wieder in der Klinik an. Wir waren nass bis auf die Unterwäsche, und kalt war uns geworden. Die warme Dusche in der Klinik tat unendlich gut – und der Kaffee und das anschließende Nickerchen auch.

Doch selbst dieses starke Gewitter hatte unserer Seele nichts ausgemacht. Ganz im Gegenteil: Ich schöpfte enorm viel Hoffnung über die Natur. Wer einmal gesehen hat, was ein Gewitter für Schäden an Pflanzen anrichten kann, und wie sich diese zarten Wesen immer wieder erholen, versteht vielleicht, was ich meine. Ja, auch ich war irgendwie »beschädigt«, aber das hieß noch lange nicht, dass ich es für immer bleiben musste.

Eines Samstags beschlossen Anette und ich, runter ins Städtchen zu gehen. Es gab dort einen kleinen Markt, und wir wollten ein wenig Obst kaufen. Der Weg nach Elzach ist wunderschön, man läuft viel in der Sonne, überquert ein kleines Flüsschen auf einer Holzbrücke und gelangt dann nach 20 Minuten ins Städtchen. Der Markt war gut besucht, es war später Vormittag. Wir erstanden Erdbeeren, Blaubeeren und Nektarinen.

»Klaus, ich gehe noch mal nach dahinten«, informierte mich Anette.

»Tu das«, sagte ich nichtsahnend. Dann war Anette aus meinem Gesichtsfeld verschwunden. Wo wollte sie noch mal hin? Ach ja, »nach dahinten«. Aber wo war das? Ich blieb zwei Minuten stehen und suchte mit den Augen die Menge ab. Nirgendwo sah ich Anette. Dann lief ich los, nach »dahinten«, lief kreuz und quer. Keine Anette. Die Raumwahrnehmung schlug zu, also, die gestörte Raumwahrnehmung. Eine leichte Panik beschlich mich, völlig irrational natürlich, aber im Fühlen unschön. Irgendwann berührte mich Anette von hinten. »Wo treibst du dich denn herum, ich suche dich schon ein paar Minuten. Warum bist du nicht einfach stehen geblieben?« Gute Frage. Auf diesen einfachen Gedanken war ich einfach nicht gekommen.

»Weißt du was, Klaus, jetzt gibt es eine Belohnung für den verlorenen Sohn. Wir gönnen uns jetzt ein Radler und essen eine Currywurst.« Ein ungewöhnlicher Vorschlag von meiner Frau, wenn man bedenkt, dass sie Vegetarierin ist. »Das Mittagessen in der Klinik fällt aus.« So machten wir das. Ach, das schmeckte so gut. Seit dieser Zeit gibt es so etwas wie eine neue Tradition. Oft beginnen wir unser Wochenende in einem großen Supermarkt. Dort schmeckt die Currywurst besonders gut. Anschließend trinken wir dann einen Aperol Spritz. Wenn das nicht Lebensqualität ist.

Beflügelt von unserem kleinen Ausflug gingen wir zurück in die Klinik. Im Eingangsbereich der Klinik gab es eine große Sitzgruppe, auf dem Tisch lagen immer aktuelle Zeitungen. Zeitung lesen war für mich schwierig. Mein Hirn kam durch die Anordnung der einzelnen Artikel auf einer Seite mächtig durcheinander. Eines Tages saßen wir dort und zu uns gesellte sich ein Mann. Er stellte sich als Krankenhausseelsorger vor.

»Dann sind wir ja Kollegen«, antwortete ich.

»Wie geht es Ihnen hier in der Klinik?«, fragte er.

»Eigentlich ganz gut, die Therapeutinnen sind sehr hilfreich, mein Hirn kann sich so langsam erholen.«

Er sprach mich auf den Schock der Reanimation an und ich erzählte ihm, dass ich keinerlei bewusste Erinnerung an dieses Ereignis hätte.

Der Seelsorger reagierte ruhig. »Das kann ich verstehen. Wissen Sie, unsere Seele muss sich ja irgendwie schützen, damit wir nicht untergehen. Ich glaube aber, dass durch dieses gravierende Ereignis etwas in Ihrer Seele in Gang gesetzt wird. Spüren Sie dem doch nach, es wird eine Bewegung sein, die Sie formen und verändern wird.«

Dieser Gedanke gefiel mir sehr. Ich bedankte mich für das ermutigende Gespräch, auch wenn mir die Tragweite erst sehr viel später bewusst werden sollte.

Wie geht eine Seele eigentlich mit deiner überlebten Reanimation um? Das ist ja ein Schock, der irgendwie verarbeitet werden muss. Meine Seele reagierte mit Alpträumen voller Angst. An einen kann ich mich ziemlich gut erinnern. Er spielte im Nationalsozialismus. Ich war ins Gefängnis geworfen worden und wurde nach allen Regeln der

Kunst gefoltert. Mein Körper wurde mit glühenden Stangen verbrannt. Dann betrat offensichtlich ein Arzt den Raum. Er holte aus einem Kästchen eine dieser alten Glaskolbenspritzen heraus, die es damals gab. Er zog eine Injektion auf, näherte sich meiner Pritsche, auf der ich angeschnallt lag, und wollte mir eine offensichtlich tödliche Dosis spritzen. In diesem Moment wachte ich auf. Ich schrie um mein Leben. Anette erschrak ziemlich und war verstört. »Was ist denn los, Klaus?«, fragte sie.

»Man wollte mich gerade töten«, heulte ich los. Ich begann ihr von diesem schrecklichen Traum zu erzählen und konnte gar nicht aufhören zu weinen. Es dauerte sehr lange, bis ich leise wimmernd in den Armen von Anette einschlief. Die Todesangst hatte mich kraftvoll eingeholt. Gut, dass Anette da war. Ich konnte dieses scheußliche Gefühl ausdrücken und mit ihr teilen. Geteiltes Leid ist tatsächlich halbes Leid. Im Verlauf meiner Genesung verstand ich immer tiefer die Bedeutung dieses Traumes. Er zeigte mir die Narben, die die Reanimation in meiner Seele hinterlassen hat. Der eine Angsttraum erzeugte weitere Angst. Was, wenn ich nun ständig solche scheußlichen Träume bekäme? Ich bin sehr dankbar, dass sich aus diesem einen Traum dann doch keine Serie entwickelt hat. Leichtere Angstträume gab es dennoch, aber sie waren gut zu ertragen.

Das Gespräch mit dem Seelsorger nährte tatsächlich meine Hoffnung, dass mein Lebensweg eben nicht in einer Sackgasse ohne Ausweg gelandet war, sondern, dass es eine Möglichkeit geben könnte, mein Leben verändert weiterleben zu können. Der Seelsorger sollte Recht behalten. In den nächsten Wochen und Monaten spürte ich tatsächlich eine Veränderung, nein, nicht eine, sondern gleich mehrere Veränderungen in meinem Leben. Da wuchs eine unendliche Dankbarkeit, überhaupt am Leben zu sein. Und ich entwickelte ein Gefühl für die Kostbarkeit des Lebens, das durchaus mit seiner Zerbrechlichkeit zu tun hat. Dieser Prozess hat bis heute nicht aufgehört. Ich erlebe weiter kraftvoll, was Offenheit für das Leben und Hoffnung mit einem Menschen anstellen können. Und ich erlebte früh, was Hoffnung für eine Kraft hat. Patienten, die alle Hoffnung verloren haben, sterben rasch, selbst wenn die Krankheit noch gar nicht so weit fortgeschritten ist. Menschen aber, die in ihrem Leben die Chance genutzt haben, ihre eigene Hoffnung zu entwickeln, sind psychisch deutlich stabiler, auch wenn die Kräfte des Körpers mehr und mehr schwinden. Aber was nährt und fördert Hoffnung? Dazu braucht es zunächst ein achtsames Schauen auf sich selbst. Wie geht es mir gerade? Unendlich hilfreich ist es zudem, auch die kleinsten Fortschritte bei sich zu entdecken, sie zu betrachten und sie in kleinen Schritten weiterzuentwickeln. Und natürlich schöpfen die meisten Hoffnung aus der Unterstützung von lieben Menschen. Das können Angehörige und Freunde sein, bei mir waren das dann auch noch die Therapeutinnen und Therapeuten. Damit ist ein Keim gelegt, der wachsen kann. Wir Menschen sind im Grunde nie fertig mit der eigenen Entwicklung, es sei denn, wir sperren uns dagegen.

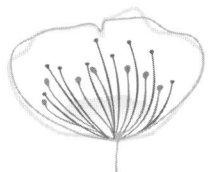

Hilfe und die eigene Krankheit annehmen

Die Nichte von Frau Stein, Frau Krämer, ist mit einer Vollmacht ausgestattet. Frau Stein leidet an einem Tumor, der die Funktion der Nieren beeinträchtigt hat. Sie ist daher dialysepflichtig. Allerdings verstopfen die Katheter für die Dialyse regelmäßig. Die Ärzte beratschlagen sich, auch mit den Gefäßspezialisten des Hauses. Deren Aussagen sind irgendwann, nachdem der vierte Katheter nicht mehr funktionierte, ziemlich eindeutig. Sie sehen keine Möglichkeit mehr zur Dialyse. Für Frau Stein bedeutet das, dass sie an Nierenversagen sterben wird. Die Nichte aber kämpft. Erst ist sie in der Phase der Wut, sie will das, was die Ärzte ihr sagen, einfach nicht hören. Sie schimpft auf die Therapeuten, sieht sich nach Alternativen um. Nach einigen intensiven Gesprächen mit dem Arzt lässt sie die Wut hinter sich, sie beginnt zu verhandeln. »Gibt es nicht noch eine andere Möglichkeit zu dialysieren?«, fragt sie. Sie hatte sich bei einem anderen Dialysearzt über die Möglichkeit einer Peritonealdialyse erkundigt. Dabei wird das Blut nicht über den Blutkreislauf gesäubert, sondern über den Bauchraum durch

Diffusion. Es kommt zu einem weiteren Gespräch mit dem Arzt. »Frau Krämer«, erläutert der Arzt, »wir haben jetzt alles geprüft. Ich habe noch einmal mit dem Kollegen telefoniert, bei dem Sie waren, und ihm die Lage Ihrer Tante geschildert. Er hat mir gesagt, dass die Dialyse über den Bauchraum leider keine Möglichkeit ist, Ihrer Tante wirkungsvoll zu helfen.« Frau Krämer reagiert traurig, da sie ein sehr inniges Verhältnis zu ihrer Tante pflegt, doch sie sieht auch ein, dass Verhandeln jetzt keinen Sinn mehr ergibt. Arzt und Nichte beginnen über das kommende Sterben zu sprechen. Die Nichte hatte innerhalb von zwei Wochen eine rasante psychische Entwicklung durchlaufen: von der Ablehnung über die Wut und das Verhandeln hin zur Annahme der Realität ihrer Tante.

Ich zolle Menschen wie Frau Krämer einen großen Respekt. Alle Krisen, eigentlich unser ganzes Leben ist ein einziger Prozess. Unser Auftrag ist, diesen Prozess zu erkennen und ihn anzunehmen. Dann kann es weitergehen.

Nicht alle Patienten und nicht alle Angehörigen gehen diesen durchaus mutigen Weg. Manche bleiben »irgendwo hängen«, manche springen in den beschriebenen Phasen hin und her. Eine immer spannende Frage ist: Können Menschen es schaffen, hin zu dem zu kommen, was Frau Kübler-Ross letztlich die Annahme nennt? Ich habe in den vielen Jahren viele Patientinnen und Patienten und ihre Angehörigen erlebt, die genau dorthin gekommen sind. Annahme ist kein Ammenmärchen. Frau Tetens zum Beispiel. Sie hatte sehr wohl diese Phase erreicht. Jeder von uns lebt sein ureigenes Leben, das er vielleicht mit Familie und Freunden teilt. Aber jeder von uns geht eben seinen eigenen Weg. Keine Lebensgeschichte ist identisch mit der Geschichte eines anderen, selbst bei eineiigen Zwillingen ist das so. Der Anspruch einer guten Begleitung ist es, genau diesen einen Menschen, den ich da begleite, in seinem Entwicklungsprozess zu entdecken und seinen je eigenen Weg zu würdigen. Dann kann ich ihn begleiten.

Herr Jörges ist Mitte 60 und leidet an einem weit fortgeschrittenen Bauchspeicheldrüsentumor, der ihm Übelkeit und Schmerzen beschert. Die Schmerzen sind recht schnell gelindert, aber die Übelkeit bleibt hartnäckig. Ich lerne ihn kennen, und wir können von Beginn an gute Gespräche führen. Das liegt wahrscheinlich daran, dass er 30 Jahre im Münsterland gearbeitet hat, meiner eigenen Heimat also. Die ersten Gespräche drehen sich um das Münsterland und seine Vorteile. Heimspiel für mich. Als die Übelkeit bleibt und nicht weggehen will, beginnt Herr Jörges zu hadern. »Womit habe ich das verdient, das ist doch ungerecht.«

»Ja, Herr Jörges, gerecht ist das nicht. Aber welche Erkrankung ist schon gerecht?«

Zwei Tage später merke ich, dass die Phase des Haderns vorbei ist. »Herr Jörges, ich höre keine Klagen mehr von Ihnen, was ist passiert?«

»Wissen Sie, ich habe mit meinem Sohn gesprochen. Der hat mir gesagt, dass ich das, was mir da passiert, annehmen soll. Das ist nicht so ganz leicht. Dann hat er irgendetwas von einer

Vorsorgevollmacht erzählt. Das hat er von den Eltern seiner Frau mitbekommen. Wissen Sie, was das ist?«

»Das erkläre ich Ihnen gerne. Sie haben sicher schon was von einer Patientenverfügung gehört, oder?«

»Ja, darüber habe ich schon mal nachgedacht. Aber gemacht habe ich noch keine.«

»Macht nichts. Ich erkläre Ihnen mal, was Sie als Vorsorge festlegen können, dann brauchen Sie wahrscheinlich auch keine Patientenverfügung.«

Herr Jörges wirkt interessiert und bittet mich, kurz mit meinen Erklärungen zu warten, bis seine Frau da ist. »Ein kluger Mann«, denke ich. Wir sitzen dann eine Stunde später zu dritt zusammen, ich habe Unterlagen mitgebracht.

»Also, Herr Jörges, Sie können in den nächsten Tagen überlegen, ob Sie Ihrer Frau eine Vollmacht erteilen möchten. Ich habe hier mal ein Formular mitgebracht. In der Vollmacht benennen Sie zum Beispiel Ihre Frau, dass sie Dinge an Ihrer Stelle regeln kann, wenn Sie es nicht mehr können. Das setzt natürlich ein großes Maß an Vertrauen voraus. Ihre Frau darf dann mit den Ärzten verhandeln, darf zustimmen zu Therapien oder ablehnen, darf für Sie einen Mietvertrag in einem Heim abschließen, Sie bei Behörden vertreten und so weiter. Es ist ein starkes Instrument, mit dem jeder von uns in Deutschland Vorsorge treffen kann.« Beide hören aufmerksam zu und stellen die ein oder andere Frage. Am Ende verbleiben wir so, dass wir am nächsten Tag noch einmal über diese Möglichkeit sprechen wollen. Und das tun wir dann auch. Beide sprechen anschließend mit ihrem Sohn, der das Ganze kraftvoll unterstützt. Am Ende ist die Vollmacht unterschrieben. In den nächsten Tagen können wir auf der Station spüren, welch große Last von Herrn und Frau Jörges abgefallen ist. Sie sind in ihrem Prozess ein gutes Stück weitergekommen. »Ich glaube, Sie haben jetzt Ihr Feld bestellt«, sage ich zum Abschied.

Frau Krämer und Herr Jörges zeigen zwei Dinge: Es ist tatsächlich wegweisend, sich mit der eigenen Situation auseinanderzusetzen. Wenn dann noch die Bereitschaft wächst, angebotene Hilfe anzunehmen, ist ein weiterer wichtiger Schritt in der Bewältigung einer Krise getan. Die Geschichte von Herrn Jörges zeigt noch ein Drittes: Menschen sind den eigenen Krise nicht einfach hilflos ausgeliefert. Sie können entdecken, dass sie selbst etwas bewirken und verändern können. Die Psychologen nennen das »Selbstwirksamkeit«.

Auch ich durchlief einen Prozess, der viel mit Annehmen zu tun hatte. Der war durchaus nicht gradlinig, und schon gar nicht ging es permanent aufwärts. Es war ein Hin und Her, ein Auf und Ab. Und auch meine Frau und ich brauchten Menschen an unserer Seite, die an den richtigen Stellen erkannten, wo sie unterstützend und begleitend tätig sein konnten.

Das waren dann meine guten Therapeuten und meine besten Freunde. Ohne die wäre es für Anette und mich viel, viel mühsamer gewesen. All diese Menschen eröffneten uns Hilfsmöglichkeiten, die wir gut annehmen konnten. Das förderte unsere Entwicklung. Aber man muss das eben können: Hilfe annehmen.

Eines Tages, Anette war nach Elzach gefahren, um einzukaufen, wurde ich mutig. Ich ging im Treppenhaus ins Untergeschoss und lief einen langen Flur entlang, dann nach rechts, dann wieder nach links. Irgendwann stand ich in einem großen Therapieraum. Da war dann Ende. Ich konnte, obwohl ich im Untergeschoss war, nach draußen schauen, wusste aber nicht, wo ich hinschaute. Ich kehrte um, hatte aber vergessen, wie ich zurückkommen sollte. Ich lief mal nach links, mal nach rechts, kein Entkommen. Wieder beschlich mich die Angst, die kannte ich eigentlich zur Genüge. Irgendwann landete ich an einem Schwesternsitz. Ich atmete auf: »Entschuldigen Sie, ich habe mich verlaufen, können Sie mir den Weg zu meinem Zimmer zeigen?«

»Natürlich, wie ist denn Ihre Zimmernummer?«, fragte die Schwester freundlich. Die beste aller Fragen!

»Die weiß ich nicht, ich kann sie mir einfach nicht merken.« Das blieb übrigens während des ganzen Aufenthaltes so. Ich konnte mir die drei Ziffern einfach nicht merken. War es 220 oder 202 oder noch anders? Ich wusste es einfach nicht. Das war schon irre.

»Aber Ihren Namen wissen Sie?« Stolz verkündete der 56-jährige Klaus seinen Namen. Interessant: Wörter und Sprache gingen gut, Zahlen nicht.

»Moment, ich rufe die Pforte an, das haben wir gleich.« Die Schwester telefonierte und ging dann mit mir, um mir mein Zimmer zu zeigen. Als Anette zurückkam, hatte ich was zu erzählen. Ich war mutig in »die Welt« hinausspaziert, hatte mich zwar verlaufen, aber hatte erneut den Mut, um Hilfe zu bitten.

Eines Tages bekamen wir Besuch von unseren Münchener Freunden und fuhren nach Elzach, um essen zu gehen. Wir fanden einen

Italiener und nutzten die freien Plätze draußen. Neben unserem Tisch stand eine Schiefertafel, auf der in schöner Schrift leckere Sachen geschrieben waren. Aber die Tafel stand schräg. Und wieder spielte meine angeschlagene Raumwahrnehmung verrückt. Ich schaute konzentriert auf die Tafel. Aber statt Appetit zu bekommen, drehte sich mein Magen um. »Ich kann da gar nicht hinschauen, mir wird schlecht«, sagte ich.

»Was ist denn los, Klaus, sollen wir das Aufgeschriebene vorlesen?«, bot Anette sofort an. Aber das half mir auch nicht. Wir mussten abbrechen. Die Freunde führten mich weg von der Tafel, und ich setzte mich auf einen großen Stein. Dort holten sie mich dann mit dem Auto ab. Da blieb die Küche eben kalt. Unser Gehirn ist schon ein komplexes Ding. Manche Pläne scheitern am eigenen Hirn. Ich hatte mich so auf ein Essen mit den Freunden gefreut, aber mein Hirn ließ das nicht zu – wegen einer schrägen Schiefertafel. Wieder war ich tief enttäuscht. War das alles doch eine große Sackgasse für mich, aus der es kein Entrinnen gab? Ich wusste, dass mich solche Gedanken überhaupt nicht weiterbrachten und doch befand ich mich manchmal fast in einer Lauerstellung, welchen Streich mir mein Gehirn als Nächstes spielen würde. Meine Familie half mir manches Mal mit verqueren Methoden, wieder Hoffnung zu schöpfen.

Eines Tages waren meine Söhne und meine Schwiegertochter zu Besuch. Stolz zeigten wir ihnen den Ort. Elzach ist wirklich hübsch. Kleine Fachwerkhäuser, hübsche Brunnen, Kopfsteinpflaster.

Wir kauften an einem Kiosk kühle Getränke und setzten uns auf einen Brunnen. Anette und ich erzählten von meinen Fortschritten, aber auch von dem, was noch so gar nicht gelang.

»Mensch Papa«, sagte Simon, »da hat es dich aber richtig erwischt. Du bist auch nicht mehr die hellste Kerze auf der Torte.« Solche Söhne braucht man. Das meine ich ernst. Er hatte ja Recht, und er hielt mir den Spiegel vor, in dem ich das sah, was damals eben zu sehen war: ein durchaus hirngeschädigter Mann. »Meinst du, dass du dich wieder gut erholen kannst?«, fragte er besorgt nach.

»Weiß ich nicht genau, Mama und ich hoffen das, aber ich bin mir ziemlich sicher, dass das ein langer Weg sein wird, steinig ist er ja jetzt schon. Doch es tut so gut, dass ihr da seid, das ist für mich eine große Unterstützung.«

So gingen die Tage ins Land. Genau 40 Tage hielt ich mich in der Klinik in Elzach auf. 40 Tage, so lang, wie Moses durch die Wüste ging. Wie Moses aus Ägypten zog, um neues Land zu finden, so waren auch für mich diese 40 Tage ein Anfang, heraus aus dem Elend der ersten Wochen hinein in eine neue Etappe. Meine Zeit des »Hilfeannehmens« war noch lange nicht vorbei.

Es war Ende Juni. Über einen befreundeten Neurologen hier im Saarland war mir in der neurologischen Klinik in Illingen ein Einzelzimmer zugesagt worden. In Illingen war alles anders. Kein Rooming-in mehr, Anette kam täglich erst nach der Arbeit bei mir vorbei. Da saß ich nun, ohne Anette, und musste sehen, wie ich allein klarkam. Ob das gut gehen würde? Der Start war entmutigend. Zum Abendessen musste ich in den Speisesaal. Als Neuling wies man mir einen Tisch zu, an dem die Ankommenden Platz nehmen konnten, bevor sie dann am nächsten Tag einen festen Platz bekamen. Abends gab es immer ein Buffet, an dem man sich bedienen konnte. Ich tappte hin und holte einen Teller mit Salat. Zurück an meinem vorläufigen Platz kam sie wieder, die Beklemmung. Ich bekam kaum etwas herunter. Aber das Klinikpersonal war richtig gut, sie waren aufmerksam und hatten ihre Schützlinge im Blick. Eine der Damen sah mich mit blassem Gesicht dort sitzen und kam auf mich zu: »Sie sind neu hier, nicht wahr?«, fragte sie.

»Das stimmt«, antwortete ich. »Ich kann das hier nur schwer aushalten mit dem ganzen Trubel.«

»Ich rufe jetzt den Hol- und Bringdienst an, der bringt sie auf Ihr Zimmer. Wie ist denn Ihre Zimmernummer?«

Da fragte sie gerade den Richtigen. »Die weiß ich nicht«, antwortete ich wahrheitsgemäß.

»Aber Sie wissen, in welchem Stock Ihr Zimmer liegt, oder?«

Das wusste ich. »Im Erdgeschoss«, sagte ich der Dame.

»Ich ruf jetzt an, und dann kommt jemand Sie holen. Und ich sage Bescheid, dass Sie Ihr Essen immer aufs Zimmer bekommen, dann müssen Sie nicht in diesen Trubel zu uns kommen.«

Ich war ihr sehr dankbar. So landete ich irgendwann in meinem Zimmer und bekam einige Zeit das Essen dorthin gebracht. Ein herber Rückschritt, wie sich herausstellte. Klar, ich wurde täglich gefragt, was ich essen wollte, aber die Qualität war nicht gut. Der Kaffee morgens war lauwarm, die Brötchen in Folie gewickelt und entsprechend weich, und abends gab es belegte Brote, die offensichtlich auch schon frühmorgens in ihre Folie gewickelt worden waren: ein Gürkchen drauf und ein Tomätchen, fertig. Und der Tee war lau wie der Kaffee morgens. Der einzige Pluspunkt war, dass immer um 11 Uhr ein Wagen mit heißer Suppe vorbeikam. Die schmeckte gut. Anette bekam diese Desaster natürlich mit und versorgte mich dann immer mit Leckereien, die sie nach der Arbeit vorbeibrachte. Die Rettung war also da.

Jeder Patient in Illingen bekam einen Wochenplan aufs Zimmer, damit er weiß, wo er wann mit wem zu tun hat. »Wer« war ja für mich kein Problem, auch das »Wann« war kein Hindernis mehr, aber »wo« sollte ich hin? Ich wusste das nicht. Gleich am ersten Tag fiel das auf. Ich hatte zuallererst Krankengymnastik. Mein Therapeut hieß Herr Eisenschmitt, war 60 Jahre alt und ein versierter Mann. Er kam und begann mir die Klinik zu zeigen. Er hatte wohl die Information erhalten, dass sein neuer Patient es mit Räumen nicht sonderlich hat. Es war ein komplizierter Weg, wir bogen mehrfach ab und wechselten sogar das Gebäude.

»Hier hinten ist die Ergotherapie, Herr Aurnhammer, da müssen Sie auch täglich hin«, erklärte mir mein Therapeut.

»Okay«, hörte ich mich sagen.

Wir traten den Rückweg an und irgendwann standen wir wieder draußen. »Kennen Sie sich jetzt aus?«, fragte Herr Eisenschmitt unvermittelt. Ich staunte: Hier war ich doch noch nie gewesen. Gab es einen dritten Eingang?

»Ne, da sind wir eben rausgekommen.«

Mein Hirn war sichtlich verwirrt.

Es waren einfach zu viele Gänge und Abzweigungen. Doch Herr Eisenschmitt hatte Geduld mit mir. Und er half mir, indem er die Krankengymnastik zunächst Krankengymnastik sein ließ und mehrmals mit mir übte, wie ich zum Therapieraum und zurück zu meinem Zimmer fand. Doch ich bog immer wieder falsch ab. Ich war mittlerweile völlig verwirrt und mein Therapeut wusste spätestens ab da, dass ich mich in diesem Gebäude verlaufen würde. So berichtete er der Station seine Wahrnehmung, die ja auch eine Diagnose war, und ließ mich auf die Liste des Hol- und Bringdienstes setzen. Den kannte ich ja schon. Von da an kam immer zehn Minuten vor jeder Therapieeinheit eine junge freundliche Frau, holte mich ab und setzte mich im Wartebereich ab. Das tat mir gut, denn ehrlich gesagt hatte ich mich davor gefürchtet, mich allein durch die Klinik bewegen zu müssen. Zudem wusste ich mir die Wartezeit zu vertreiben.

Ich hatte entdeckt, dass ich nicht mehr rechnen konnte, also ganz normales Kopfrechnen. Donnerwetter! Immerhin hatte ich einst mein Matheabitur mit Bravour bestanden. Doch nun konnte ich selbst das kleine Einmaleins nicht mehr. Es war einfach weg. Also begann ich zu üben. Ich begann mit der Zweierreihe. Das war einfach, das konnte ich. Auch die Dreierreihe ging recht flott. Bei der Viererreihe gab es die erste Hürde zwischen 28 und 32. Das war schon nicht mehr so leicht. Flott ging dann wieder die Fünferreihe. Aber ab der Sechserreihe wurde es immer dann schwierig für mich, wenn es über die Zehnerzahlen ging. Da stolperte ich doch sehr gewaltig. Wie alt war ich? Ach ja, 56, und ab da arbeitete ich mich tapfer voran. Alle Reihen immer wieder rauf und runter. So eroberte ich mir die Grundschule zurück. Gut, dass ich den Hol- und Bringdienst brauchte, da hatte ich genügend Zeit zum Üben. Und dennoch war ich bestürzt. Das kleine Einmaleins nicht mehr zu können in meinem Alter: Ich konnte es kaum fassen, aber es war so.

Meine erste Sitzung in der Neuropsychologie hatte ich beim Leiter der Abteilung, einem ebenfalls sehr erfahrenen Psychologen Anfang 60.

Er legte mit vier Farbwürfeln ein Muster auf den Tisch, das ich nun mit meinen vier Farbwürfeln nachlegen sollte. Das war für meinen Kopf zu dem Zeitpunkt gleich mehrere Nummern zu hoch. Wir probierten es mehrmals. Aber anstatt meine Würfel zu legen, griff ich immer wieder zu seinen Würfeln, um sie hin und her zu schieben »Nein, Herr Aurnhammer, Sie sollen nicht meine Würfel berühren, sondern mit Ihren Würfeln meine Figur nachlegen«, forderte mich der Therapeut ruhig auf. Doch es ging nicht, überhaupt nicht. Wir brachen ab.

Da saß ich also auf meinem Einzelzimmer und zog eine Zwischenbilanz: Ich konnte mich in der Klinik nicht orientieren, brauchte wie ein kleines Kind jemanden, der mich abholte und wieder zurückbrachte, ich konnte den Trubel im Speisesaal nicht aushalten und aß labbriges Essen auf meinem Zimmer. Jämmerlich. Ich wurde tieftraurig und weinte viel, täglich mehrmals. Ich trauerte um die vielen Verluste, die ich erleben musste. Wenn Anette abends kam, berichtete ich immer traurig, was ich erlebt hatte. Sie schlug dann vor, ich solle ein Tagesmotto finden und benennen. Ein Motto, das beschrieb, wie es mir ergangen sei. Und so begannen eher traurige Tage: Erster Tag: »verloren«. Zweiter Tag: »verloren, Tag zwei«. Dritter Tag: »verloren, Tag drei«. Vierter Tag: »versunken«. Als sei ich auf dünnem Eis unterwegs und würde einbrechen und versinken. So etwa war meine erste Woche in Illingen. Nicht schön. Immer wieder musste ich mich in den Pausen aufs Bett legen und Rotz und Wasser heulen. Es war so gemein, was mir da passierte.

Ziemlich am Anfang des Illinger Aufenthaltes hatte ich Geburtstag. Großer Bahnhof war angesagt: Meine Mutter und mein jüngerer Bruder kamen angereist, um mit mir zu feiern. In diesen Tagen war auch das Burgfest in Illingen. Da gab es Stände mit Essen und Trinken. Wir gesellten uns zur Menge und bestellten uns etwas. Aber Trubel war auch in dieser Zeit nichts für mich. »Anette, ich kann nicht mehr bleiben, ich muss mich hinlegen.« So wurde nichts aus der großen Feier. Wieder ein Rückschlag. Hörte das denn nie auf mit diesem Scheitern? Wohin führte mich der Weg? Ich wusste es damals überhaupt nicht. Gut tat mir jede Unterstützung, besonders die von Anette. Sie kam jeden Tag nach der Arbeit zu mir gefahren, hörte aufmerksam zu, tröstete und ermunterte mich: »Klaus, mach in deinem Tempo, es geht jetzt um dich, ich bin an deiner Seite.« Solche Sätze taten der lädierten Seele gut und munterten mich auf. Ich hatte ja zu tun, nämlich üben. Gelegenheiten gab es zuhauf. Jeden Tag hatte ich drei bis fünf Therapieeinheiten: Ergotherapie, Neuropsychologie, Gehirntraining, Krankengymnastik einzeln und in der Gruppe und Ausdauer- und Krafttraining. Da ging eine Woche schnell herum. In einem der ersten Arztgespräche mit dem Oberarzt fragte der mich, was meine Ziele seien. »Ich will die Kulturtechniken wieder beherrschen, also Schreiben und Rechnen können.« Gesagt, getan. Ich hatte ein Buch von Hanns Dieter Hüsch auf dem Schreibtisch liegen, geschrieben in Großdruckbuchstaben. Ich nahm mir vor, die Zahlen abzuschreiben. Die ersten Versuche jedoch waren mehr ein Abkritzeln denn ein Abschreiben.

Das muss man sich mal vorstellen. Ein vierjähriges Kind kann das fast besser, als ich es damals konnte. Aller Anfang ist schwer, jaja. Anette reagierte prompt. Sie brachte mir ein Heft mit, in dem Erstklässler schreiben lernen. Wer Kinder hat, kennt das. Es geht einfach los, mit einem kleinen »e«. Ich sah im Heft eine orangene Linie, die sich zu einem »e« bog, lesen konnte ich ja.

Dort, wo es los ging, war ein kleiner schwarzer Pfeil eingezeichnet. So wusste ich, in welche Richtung der Stift zu gehen hatte. Also ans Werk. Das erste »e« war ungelenk, blies sich fast zu einem »o« auf. Also noch eins. Nach vielleicht zehn Versuchen hatte ich tatsächlich den Eindruck, ich hätte ein »e« geschrieben. Heureka: mein erster Buchstabe beim Schreibenlernen, Teil zwei in meinem Leben. Aber dann kamen die echten Herausforderungen für den, der schreiben lernt. Das kleine »a«, das kleine »d«, das kleine »b«. Echte Herausforderungen. Ich kann mich leider nicht erinnern, wie mir das vor 50 Jahren gelungen ist. Ob das auch so knifflig war? So war ich dann einige Wochen mit dem Schreibenlernen beschäftigt. Ich weiß nicht, wie viele Seiten ich geschrieben habe. So entdecke ich erneut das Prinzip des Übens. Erst nach 100 Versuchen fangen die neuen Synapsen im Gehirn an zu arbeiten. Welch ein mühsamer Weg, den das Leben mir da aufbürdete. Ich schwankte zwischen Stolz, wenn ein neuer Buchstabe erobert war, und Traurigkeit, dass ich eine so einfache Fähigkeit wie das Schreiben neu lernen musste.

In einem Fachbuch entdeckte ich ermutigende Erkenntnisse aus der Wissenschaft: Unser Hirn ist äußerst flexibel und lernt, wenn es gut angeleitet wird und übt, Dinge, die vorher nicht gingen. Unser Gehirn ist eben kein großer Klumpen mit grauer Masse. Unser Hirn ist formbar, kann sich modellieren und sich so immer wieder ein Stück weiterentwickeln. Ich las von Schlaganfallpatienten, die durch gutes Training und Üben wieder Laufen oder Sprechen gelernt haben.

Ich erkannte mich selbst wieder und schöpfte Hoffnung. Mein Weg war offensichtlich der Richtige.

Irgendwann konnte ich einigermaßen flüssig schreiben. Zudem entdeckte ich ein weiteres Prinzip unseres Gehirns. Wer fleißig etwas übt, was er vorher gut konnte, merkt irgendwann, dass die alten Hirnareale wieder »anspringen«, als würden sie aus einem Dornröschenschlaf erwachen. Eines Abends zeigte ich meine Schreibereien Anette. Die schaute drauf und sagte: »Klaus, das ist genau wieder deine alte Handschrift, sie ist wieder gut zu erkennen.« Verrückt: Altes und Neues verbinden sich, schieben sich übereinander und schoben mich voran. Leider war die neu erlernte Handschrift genauso grottenschlecht zu lesen wie die alte. Ich bin ja Linkshänder, und meine alte Grundschullehrerin mit dem schönen Namen »Fräulein Gräfenstein« erlaubte dem kleinen Klaus damals nicht, mit links zu schreiben. »Der Griffel gehört in die rechte Hand«, hörte ich damals immer wieder. Und so sieht meine Schrift auch immer noch aus.

Ich erinnere mich an ein Gespräch mit dem Oberarzt Dr. Keller, ein schlanker und großer Mann. Anette sprach ihn direkt an: »Herr Doktor, ich spüre und sehe sehr genau, dass mein Mann noch viel Hilfe braucht. In der Früh-Reha hatte mein Arbeitgeber mich freigestellt, sodass ich die ganze Zeit bei meinem Mann sein konnte. Meinen Sie, ich sollte meinen Chef noch einmal fragen?«

»Davon rate ich Ihnen ab«, antwortete Dr. Keller ohne Umschweife. »Ihr Mann ist bei uns in guten Händen. Und ich finde, es ist jetzt Zeit, ihn ins kalte Wasser springen zu lassen. Gehen Sie weiter arbeiten und kommen sie Ihren Mann dann abends besuchen.« Der Satz saß, bei Anette und bei mir. Ich verstand sofort, dass Anette gut genug für mich sorgte, und Anette fühlte sich bestärkt, die Leine zu mir etwas zu lösen. Irgendwann musste dieser Punkt ja kommen. Wir sind dem Arzt bis heute dankbar für diese klare Aussage. Also sprang ich in das kalte Wasser, und was soll ich sagen: Es trug. Jedenfalls ging ich nicht unter. Dass ich niemals meine Hoffnung verlor, verdanke ich in der Tat der Hilfe von vielen Menschen. Ich bin froh, dass ich ihre Hilfe zu keinem Zeitpunkt abgelehnt habe. Im Gegenteil: Ich nahm jede Hilfe dankbar an in der Hoffnung, dass mich dies nach vorne bringen würde. Wir leben ja heute tendenziell in einer »Hilf dir selbst, sonst hilft dir keiner«-Gesellschaft. Ich machte die Erfahrung: Das ist der falsche Weg. Wer diesen Weg wählt, landet ziemlich sicher in der Sackgasse. Wenn ich aber mein Schicksal annehme, dann kann ich auch Hilfe annehmen. Und ich kann sagen, dass ich sehr dankbar und froh war über alle Unterstützung, die mir zuteilwurde. Es war durchaus eine interessante Erfahrung für mich als Mann. Man sagt uns ja nach, dass wir ungern Hilfe annehmen würden. Mir ging das nicht so. Ich fühlte mich durch die Unterstützungsangebote eher gefördert. Mein Weg ging weiter, auch wenn ich abhängig war von der Unterstützung anderer. Der Weg lohnte sich.

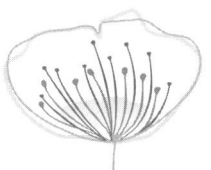

Die eigene Geschichte neu schreiben

Herr Wolf hat einen Tumor an der Prostata und Knochenmetastasen. Seit ein paar Tagen ist die Schmerztherapie von einem Pflaster auf eine Pumpe umgestellt worden. Dennoch will der Schmerz nicht ganz weggehen. Immer wieder erlebt Herr Wolf Schmerzattacken, die ihn plagen. In meinen Gesprächen mit ihm vertraut er mir an, dass er zu seinem Vater von Kind an immer schon ein mehr als spannungsvolles Verhältnis gehabt hat. Ich spüre sehr schnell, dass ihn diese Geschichte mit seinem Vater immer noch umtreibt, und ahne, dass das etwas zu tun hat mit seinem Schmerzerleben. Mein erster Zugang ist seelsorglich. Ich versuche mich einzufühlen in Herrn Wolfs Situation und spiegle ihm, wie ich ihn erlebe:

»Herr Wolf, die Geschichte mit Ihrem Vater geht Ihnen immer noch nach, auch so viele Jahr später, und sie hadern immer noch mit ihm und grollen ihm.«

»Genau«, antwortet Herr Wolf, »er war immer so gemein zu mir und hat mich immer wieder so verletzt, dass es heute noch weh tut.« Er verzieht sein Gesicht und ich weiß nicht, ob es der physische oder der psychische Schmerz ist, der ihn da erfasst. »Die Geschichte mit meinem Vater hat mir offensichtlich doch mehr zugesetzt, als ich dachte. Kein Wunder, dass ich jetzt mit meinen Schmerzen herumliege.« Wir unterhalten uns eine ganze Weile über seinen Vater, der ihn tatsächlich als Kind mehr als übel behandelt hatte. Irgendwann kommt mir eine Idee.

»Herr Wolf, passen Sie mal auf, ich mache Ihnen einen Vorschlag. Sie haben mir viel erzählt von Ihrem Vater. Ich nehme jetzt mal diesen leeren Stuhl und stelle ihn Ihnen gegenüber. Stellen Sie sich doch bitte einmal vor, Ihr Vater säße jetzt dort. Stellen Sie sich das bildlich vor, lassen Sie sich ruhig Zeit dabei.«

Herr Wolf nickt und blickt auf den leeren Stuhl.

»Sehen Sie Ihren Vater da sitzen?«, frage ich. Herr Wolf nickt. »Und jetzt überlegen Sie einmal, was Sie Ihrem Vater gerne einmal sagen würden, ich meine heute, in Ihrer jetzigen Situation.«

Herr Wolf schweigt eine Weile, meine Aufgabe ist es, ihm genügend Zeit zu lassen. Irgendwann schaut Herr Wolf auf den leeren Stuhl, auf dem er seinen Vater sitzen sieht, und beginnt zu reden, erst leise, er ist kaum zu verstehen, dann wird er lauter. »Vater, du hast mich nie beachtet, du hast immer auf mir rumgehackt, nie konnte ich es dir recht machen, alles, was ich machte und sagte, war in deinen Augen schlecht. Ich fühlte mich wie ein Versager, der nichts konnte und auch nie irgendetwas können würde. Das hat furchtbar weh getan.«

Herr Wolf schweigt. Seine Augen werden feucht, er beginnt zu weinen. Ich spüre deutlich, dass die Wut und das Verhärtete, mit dem Herr Wolf sonst über seinen Vater sprach, weicht und dass ein anderes Gefühl in den Vordergrund rückt: Herr Wolf kann seine Trauer spüren und zulassen. Ich lasse ihn eine Weile mit seinen Tränen und schweige einfach. Als er sich wieder gefangen hat, sage ich zu ihm: »Herr Wolf, Sie spüren jetzt, dass Sie traurig sind über das, was Ihnen widerfahren ist. Überlegen Sie jetzt einmal, was Sie Ihrem Vater noch gerne sagen würden.«

Herr Wolf überlegt eine ganze Weile und schaut dabei auf seine Hände. Dann sagt er: »Du warst wirklich ein schlechter Vater und viele Jahre habe ich dich dafür gehasst. Jetzt merke ich, dass ich einfach nur traurig bin. Was haben wir all die Jahre versäumt, was ist uns da entgangen? Ich habe keine Lust mehr, auf dich wütend zu sein, das soll jetzt vorbei sein. Vielleicht konntest du einfach nicht anders. Ich will das Kriegsbeil begraben. Verzeihen kann ich dir nicht, aber ich will dir nichts mehr nachtragen.«

Wieder schweigt Herr Wolf eine ganze Zeit. »Vielen Dank«, sagt er schließlich und richtet seinen Blick auf mich. »Ich glaube, ich habe etwas verstanden, was ich bisher nicht begriffen habe.«

Ich antworte: »Auch Ihnen vielen Dank, für Ihre Offenheit und Ihre Bereitschaft, auf etwas Neues zu blicken.« Wir beenden unser Gespräch, beide bewegt, aus durchaus unterschiedlichen Gründen. Herr Wolf ist aus den Niederungen seiner Wut ausgestiegen, indem er sich dem stellt, was jetzt für ihn gültig sein könnte. Das eigentlich Faszinierende ist, dass danach der Erfolg der Schmerztherapie rasant anstieg, die Schmerzattacken gingen deutlich zurück. Herr Wolf ist ein mutiger Mann. Er lässt sich auf seinen Schmerz ein, schaut und spürt genauer hin, was sich in ihm regt, und lässt sich auf eine therapeutische Idee ein. Ein Prozess kommt in Gang, der ihm hilft, mit seiner Lage gut umzugehen. Er kann sich lösen von dem Groll von damals und macht erste Schritte, seine eigene Geschichte quasi neu zu schreiben.

Herr Wolf war mir Vorbild, weil er seine Geschichte, die so übel begonnen hatte, nicht als beendet betrachtete. Er schrieb sie, angestoßen durch die Begegnungen mit mir, weiter, aber eben anders. In unseren Gesprächen löste er sich von seinem Groll und Hass gegen den brutalen Vater. Er erkannte, dass sein Vater selbst familiär verstrickt war. Und er konnte sich seiner Trauer öffnen. Eine Verzeihung war zwar nicht möglich, aber ein neues Verstehen im Sinne des »Nichtnachtragens«. Eine beachtliche Leistung von Herrn Wolf. Diese Veränderung, die er selbst bewirkt hatte, half ihm tatsächlich in seinem Krankheitsprozess. Ich erlebte ihn viel weicher als zuvor. Als ich selbst in der Klinik weilte, war das ähnlich. Mein Leben wäre beinahe zu Ende gegangen. Nun sah ich mich mit der Situation konfrontiert, etwas zu verändern. Ein einfaches »Weiter so« gab es ja nicht. Die Wendung hatte bereits begonnen. Nun lag es an mir, wie der Weg weitergehen sollte. Der neue Auftrag für mich: die eigene Geschichte weiterschreiben, aber eben anders, verändert, neu. Das neue Normal. Und dann sehen, wo dieses veränderte Leben mich hinführen würde.

Nach dem Fehlschlag mit den Würfeln gab der Psychologe in der Rehaklinik diese Aufgabe an die Ergotherapeutin Frau Gabler ab. Diese begann aber mit etwas ganz anderem: Ich musste mit der rechten und dann mit der linken Hand eine Metallspange mit Kraft drücken. Das Ergebnis: Mit rechts war ich gut, mit links unterdurchschnittlich. Da war er wieder, der Beweis: Ich hatte nach dem Infarkt auch noch den kleinen Schlag nach links zu verarbeiten, daher diese Schwäche. Die nächste Aufgabe war, einen Schuh zu binden. Wie war das noch mal mit dem Knoten? Da ging nichts, aber wirklich gar nichts. Ich verstand nicht, wie ich die Schnürsenkel legen musste, um sie über Kreuz zu einem Knoten zu binden. Was heißt das überhaupt: über Kreuz? Da war er wieder: der wunde Punkt. Frau Gabler zeigte es mir mehrfach an einem Übungsschuh und ermunterte mich, es selbst zu versuchen. Aber es klappte nicht. Sie gab mir den Schuh mit auf mein Zimmer zum Üben. Das tat ich auch fleißig, aber ohne Erfolg. Selbst mit Anettes Hilfe gelang da nicht viel. Irgendwann gelang es mir dann tatsächlich, einen Knoten zu machen. Den Knoten zu machen ist das eine, aber dann auch noch eine Schleife binden? Das war und ist für einen Hirngeschädigten wie mich eine echte Herausforderung. Wie koordiniert man Auge, Hirn und Hand so, dass man die Lücke findet, mit der sich die Schleife binden lässt? Auch heute noch brauche ich manchmal drei Anläufe für eine Schleife. Spätestens an dieser Stelle kann ich allen Lesern nur empfehlen, möglichst in der warmen Jahreszeit eine Reanimation zu überleben. Man kann sich viel länger draußen aufhalten, hat damit weniger oft mit seinen Schuhen zu kämpfen und kann länger mit Sandalen oder nicht zu schnürenden Barfußschuhen herumlaufen. Ein echter Geheimtipp.

Frau Gabler begann dann mit einem gezielten Training meiner Raumwahrnehmung. Dazu holte sie irgendwann die gefürchteten Würfel heraus. Wir fingen mit den vier Würfeln vom Anfang an. Irgendwie hatte mein Hirn schon etwas gelernt. Ich hatte verstanden, dass ich nicht in den Würfeln von Frau Gabler herumzufuhrwerken hatte. Ich konzentrierte mich auf die Muster, die sie mit den vier Würfeln vorgelegt hatte. Die Würfel zeigten blaue, grüne, gelbe und rote Flächen an, und jeder Würfel hatte auf jeder Seite gleich zwei unterschiedliche Farben. Nach einigen Versuchen, manchmal brauchte ich einen Tipp von Frau Gabler, gelang es mir, genau das gleiche Muster nachzulegen. Ein Anfang war gemacht. In den darauffolgenden Wochen wurden diese Würfelaufgaben immer komplexer. Von vier Würfeln ging es hoch auf sechs, dann auf acht. Am Ende konnte ich eine Figur, die aus neun Würfeln bestand, nach einer gedruckten Vorlage korrekt nachlegen. Meine Therapeutin und ich freuten uns beide über diese Fortschritte in der Wahrnehmung.

Eines Tages sagte Frau Gabler zu mir: »Es gibt da etwas, das heißt Spiegeltherapie. Wir verwenden das gerne bei Patienten mit Schlaganfall. Ich könnte mir vorstellen, dass das bei Ihnen anschlägt. Da könnten wir Ihre schwache linke Seite vielleicht stärken.« Sie erklärte nicht lange, sondern baute gleich etwas auf dem Tisch zwischen uns auf. Sie legte eine Holzplatte auf den Tisch, in den mittig ein schmaler Schlitz eingesägt war. In diesen Schlitz stellte sie einen Spiegel. Ich sollte meine linke Hand nach links hinter den Spiegel legen und dort ruhen lassen, meinen rechten Arm sollte ich vor den Spiegel legen.

»Sehen Sie jetzt in den Spiegel hinein. Sie sehen Ihren rechten Arm, richtig?«

»Richtig, den sehe ich.«

»Schauen Sie in den Spiegel. Ich gebe Ihnen jetzt einen Igelball in die rechte Hand. Greifen Sie ihn bitte und befühlen Sie ihn ausgiebig. Rollen Sie ihn, mal nach links, mal nach rechts, kneten Sie ihn. Versuchen Sie ganz aufmerksam, in die Hand zu spüren.« Das Ganze wiederholte ich eine Zeitlang mit verschiedenen Gegenständen.

»Wenn Sie gleich auf Ihrem Zimmer sind, dann legen Sie sich aufs Bett und spüren nach, was sich in Ihrem Körper tut«, forderte mich Frau Gabler auf. Zurück auf meinem Zimmer legte mich also hin und spürte. Mein linker Arm wurde warm, angenehm warm und im Sonnengeflecht wurde es nicht nur warm, sondern eigenartigerweise auch hell. Moment mal. Ich hatte doch mit der rechten Hand gearbeitet. Wie konnte es da sein, dass meine linke reagierte? Ich begriff nun, warum diese Therapie »Spiegeltherapie« hieß. Wundersam.

Ich bekam in den nächsten Tagen alles Mögliche in die rechte Hand: harte und weiche, samtige und kratzige Gegenstände, die ich wie beim ersten Mal in alle Richtungen bewegen sollte. Das tat ich fleißig. Und immer wenn ich zurück auf meinem Zimmer war, spürte ich nach. Frau Gabler hatte mir den Rat gegeben, mir mit einer Hautlotion den linken Arm von den Fingern bis zur Schulter zu massieren und zu kneten, damit mein Gefühl für die lädierte Seite zurückkehren könne. Ich spürte mehr und mehr eine wohlige Reaktion auf meiner linken Seite, sie wurde von Tag zu Tag intensiver und lebendiger wahrnehmbar. Jeden Tag besprachen wir die Ergebnisse.

»Herr Aurnhammer, wir beenden ja die Sitzung immer so, dass ich aufmerksam schaue, wo Ihr linker Ellenbogen landet. Auffällig ist, dass er bisher immer einige Zentimeter über der Tischplatte hängen bleibt. Wir machen diese Übung jetzt so lange, bis Ihr Ellenbogen ganz nach unten gesunken ist.«

Eines Tages dann sagte Frau Gabler endlich: »Herr Aurnhammer, haben Sie es gemerkt, Ihr Ellenbogen hat Kontakt zum Tisch? Jetzt können wir diese Therapie beenden. Ich kann Ihnen sagen, ich mache diese Therapie schon viele Jahre sehr erfolgreich, aber ich habe noch nie einen Patienten gehabt, der so gut darauf angesprochen hat, Glückwunsch.« Selig schwebte ich auf mein Zimmer. Ich legte mich auf mein Bett und spürte noch einmal nach. Da kamen mir die Tränen. Diesmal waren es Tränen des Glücks: Ich hatte meine linke Seite wieder zurückgewonnen, nach so vielen Wochen. Ein tiefes Gefühl von Dankbarkeit durchströmte mich. Viele Tage, die noch folgten, verbrachte ich damit, am Tisch sitzend, den linken Arm zu heben und ihn dann ganz langsam Richtung Tischplatte sinken zu lassen. Das Glücksgefühl hielt an.

Anette und ich hatten uns zu Hause angewöhnt, jeden Morgen 20 Minuten zu meditieren. Auch in der Klinik hatte ich das Gefühl, das mir das Schweigen und Sitzen guttun würden. Anette brachte mir mein Sitzkissen von zu Hause mit. Also begann ich mit dem Üben. Von Montag bis Freitag saß ich drei- bis viermal pro Tag 20 Minuten auf meinem Kissen und hörte in mich und die Stille hinein. Ich wurde ruhiger, geduldiger, in den Wochen der Übung nahm die Traurigkeit ab. Tiefe Dankbarkeit trat an diese Stelle. Ich erinnerte mich an einen Satz, den ich ein Jahr zuvor in Würzburg gelesen hatte. Ich war dort in der Palliativakademie zu einem Vortrag eingeladen. Am nächsten Morgen hatte ich Zeit, ging durch die Stadt und die Augustinerkirche.

Im Eingangsbereich findet man ein goldenes Band, auf dem ein Satz von Augustinus stand: »Ich will, dass du bist.« Dieser Satz hatte es mir damals angetan, und an den erinnerte ich mich, auf dem Kissen sitzend, in Illingen. »Ich will, dass du bist.« Ich sollte also sein. Das heißt, ich sollte leben! Dieser Satz war eine kraftvolle Ermutigung für mich, die mich wieder hoffen ließ.

Herr Eisenschmitt begann mit krankengymnastischen Übungen. Zunächst ging es dabei um Koordinierung und Gleichgewicht. An einem Computer sollte ich simuliert Tischtennis spielen. Das gelang aber gar nicht.

»Herr Aurnhammer, können Sie eigentlich Tischtennis spielen?«

»Ja, das kann ich, wir haben in der Garage eine Tischtennisplatte gehabt, da haben wir mit den Jungs immer gespielt.«

Also gingen wir in einen anderen Raum, in dem eine Platte stand, und wir begannen zu spielen. Der Anfang war natürlich holprig. Da ich Linkshänder bin, spielte ich natürlich mit links, aber das war ja nun meine schwache Seite. Aber ich wagte es. Viele links gespielte Bälle verfehlte ich, aber die nach rechts gespielten Bälle, die traf ich recht gut. Ein paar Tage trainierten wir so die linke Seite.

»Und jetzt geht es ans Werfen, Fangen und Prellen, Herr Aurnhammer. Ich werfe Ihnen den Ball zu, Sie werfen ihn zurück.« So machten wir das, und das gelang sogar recht mühelos.

»Ich werfe jetzt etwas kräftiger. Sie fangen den Ball und werfen ihn zu mir mit der anderen Seite zurück.« Gesagt, getan. Die Bälle kamen tatsächlich schneller auf mich zugeflogen. Solange Herr Eisenschmitt nach rechts warf, klappte es gut, immer wenn er nach links warf, verfehlte ich den Ball. Die Raumwahrnehmung schlug zurück! Dann passierte es, nach einigen Minuten: Er warf den Ball scharf nach links oben, genau in mein gestörtes Sehfeld. Ich bin ja durchaus ehrgeizig und eigentlich drahtig und sportlich. Also riss ich meinen linken Arm hoch, da machte es laut »Ratsch« in der Schulter. Ein wilder Schmerz durchzuckte meine linke Schulter. Mein Puls raste, ich begann zu schwitzen.

»Was ist passiert?«, fragte mein Therapeut erschrocken.

»Irgendetwas ist kaputtgegangen«, erwiderte ich. »Jedenfalls tut es höllisch weh.«

»Legen Sie sich mal auf die Pritsche, ich schau mal nach.« Ich legte mich hin, der Puls jagte weiter und meine Stirn war nass und bleich.

Herr Eisenschmitt begann meinen Arm zu bewegen. Das ging bis zu einem bestimmten Punkt gut, dann nahm der Schmerz zu.

»Herr Aurnhammer, das Übungspaket für die nächsten Tage ist klar. Ich werde sie täglich massieren und durchbewegen.« Damit war klar, die physiotherapeutischen Maßnahmen, die er noch auf dem Plan hatte, ich weiß bis heute nicht, welche das waren, wurden gestrichen. Ich erhielt die kleine Wellnesspackung. Er machte es gut, aber nun hatte ich neben meinem Hirnschaden auch noch einen Therapieschaden. Pech gehabt. Eigentlich doppelt Pech. Ich bin ja Linkshänder und schlafe auch gerne links ein. Das war von diesem Tag an lange Zeit nicht mehr möglich. Die Zerrung schmerzte, sobald ich meinen Körper zum Schlafen in die geliebte Position schob. So musste ich lernen, auf der rechten Seite einzuschlafen.

Die Wochenenden hat man in der Reha frei. Die Kassen erlauben es eigentlich nur, eine Nacht wegzubleiben, aber die Klinik war kulant. Anette holte mich freitags ab und brachte mich sonntags gegen

Abend zurück, sodass wir genügend Zeit daheim miteinander verbringen konnten. An diesem Wochenende schmerzte mein Arm so sehr, dass ich es kaum aushielt. Da kam mir die rettende Idee: Ich kenne mich ja mit Schmerzmitteln ein wenig aus. Also schlug ich meiner Frau vor, am Wochenende in die Klinik zu fahren, in der ich arbeitete, um Tramal, ein niedrig potentes Opioid, für das man kein Rezept braucht, zu holen. Das würde mir helfen.

Verbunden haben wir das dann mit einer verrückten Idee. Mein Neuropsychologe hatte mit mir ja verschiedene Tests gemacht, um die Leistungskraft meines bröseligen Hirns zu untersuchen. Dazu gehört auch das sogenannte Wiener Testmodul. Das prüft alles rund um die Fahrtauglichkeit. Die Übungen machten wir mehrmals. Und immer wieder sagte mein Therapeut: »Herr Aurnhammer, drei von den fünf Tests sind eigentlich gut, aber zwei eben nicht. Sie sollten in der nächsten Zeit kein Auto fahren.« Ans Autofahren hatte ich selbst überhaupt noch nicht gedacht, aber als mein Therapeut das sagte, war mein Ehrgeiz geweckt. Jetzt wollte ich es wissen. Also fragte ich Anette, ob sie einverstanden wäre, wenn ich zu Hause mal einen Test machte. »Was schlägst du vor?«, fragte sie.

Wir leben auf dem Land. Wenig Verkehr, übersichtliche Straßen. Von unserem Weg fährt man 300 Meter zur Hauptstraße vor, biegt nach rechts ab, nach 900 Metern biegt man wieder rechts ab, dann ein Kilometer einfach geradeaus. Da steht ein Stoppschild. Dann noch zwei Kilometer geradeaus, wieder rechts, nach 600 Metern gelangt man auf einen einsamen Wanderparkplatz. Ziel erreicht. Der aufmerksame Leser hat längst gemerkt. Nirgendwo ein »links« auf dem Weg. Das wäre doch gelacht, wenn ich das nicht schaffen würde. Ich gab Anette die Anweisung, sie solle verbal sofort eingreifen, wenn sie meinen würde, dass es gefährlich wird.

Also rein ins Auto und los. Trotz Raumwahrnehmungsstörung war mir im Kopf der Weg völlig klar. Kein Auto, kein Fahrrad oder Traktor waren unterwegs, die Straße gehörte mir. Mit der Koordination der Füße, ich fahre nur Schaltwagen, gab es keine Probleme. Ich hielt die Spur perfekt und, schwupps, waren wir am Ziel. Stolz stieg ich aus: »Anette«, rief ich, »ich kann Auto fahren!!« Welch ein erhebendes Gefühl. Ein Mann mit 56 kann tatsächlich Auto fahren! Wer hätte das gedacht. Von dem Parkplatz aus drehten wir eine kleine Runde rüber nach Frankreich, über die sonnige Höhe wieder runter in einen Wald, an einer psychosomatischen Klinik vorbei zurück zum Auto. »Jetzt fahre ich mit dir runter in die Klinik, Anette.« Runter heißt tatsächlich runter. Einige kleine Serpentinen, dann ein erstes Stoppschild. Nun ging es links ab. Also aufgepasst. Unten war mehr Verkehr als oben. Ampeln. Kreisverkehre, noch einige Male links abbiegen. Wir kamen wohlbehalten in der Klinik an, in der ich arbeite. Der Spätdienst staunte nicht schlecht. »Klaus, wie geht es dir?« Und ich erzählte munter. »Ich bräuchte ein wenig Tramal«, sagte ich irgendwann, »meine Schulter ist lädiert und das Ibuprofen hilft nicht so richtig.«

Die Schwestern gaben mir ein Fläschchen, und so fuhren wir heim. Ich probierte einige Hübe aus, verteilt über den Nachmittag. Auch sonntags benötigte ich einige Hübe. Damit übernahm ich mich aber kräftig. Mir wurde schlecht, ich musste erbrechen. Früher als gedacht kam ich also am Sonntag wieder in der Klinik an und beichtete beim diensthabenden Arzt meine schmerztherapeutischen Sünden. Ich erhielt ein Zäpfchen gegen die Übelkeit. Das half dann auch. Die Tramaltropfen gab ich ab. »Nie wieder«, sagte ich mir, »nie wieder Tramal.« So folgte einmal wieder auf ein Erfolgserlebnis ein Rückschlag. Offensichtlich war das mein Weg: ein Schritt vor, ein Schritt zurück. Gab es da ein Ende? Ich kann Ihnen sagen: Es gibt kein Ende, jedenfalls nicht bei mir. Auch heute, Jahre später, geht etwas gut, dann am nächsten Tag geht etwas anderes nicht gut.

Auch ich musste in diesen Monaten meine eigene Geschichte neu schreiben. Ich war gewohnt, so ziemlich alles zu können. Ich war glücklich in der Familie, ziemlich erfolgreich im Beruf. Vieles nun nicht mehr zu können oder deutlich schlechter, das machte mir zu schaffen. So entwickelte sich da gerade ein neuer Klaus, der noch gar nicht richtig wusste, wie sein Leben weitergehen sollte. Klar, die Lebensgefahr war längst gebannt, aber die Zukunft? Wie würde sie wohl aussehen? Ich wusste es zu diesem Zeitpunkt nicht, aber ich war offen dafür, es neu anzugehen.

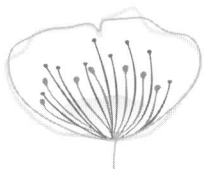

Auf das eigene Leben zurückblicken

Ich besuche Frau Berger. Die alte Dame wird bald 88 Jahre alt und kommt zu uns wegen eines Magentumors, der im Bauchraum bereits Metastasen gebildet hat. Sie klagt über Schmerzen und immer wieder über Übelkeit. Sie scheint mir weltoffen zu sein.

»Ach, Seelsorger sind Sie«, empfängt sie mich lächelnd, »das ist ja schön, kommen Sie doch herein und setzen sich zu mir.«

Ich frage Frau Berger, was sie zu uns geführt hat. Sie berichtet knapp, aber präzise über ihren Krankheitszustand. Sie ist völlig klar im Kopf, ihr Geist wirkt wach. Aber sie hat offensichtlich kein Interesse, mir ihr Leid zu klagen. »Wissen Sie, ich bin ja schon etwas älter«, meint sie schmunzelnd, »und ich habe schon so manches erlebt.« Das ist mir sofort klar, sie muss ja als Kind noch die Kriegsjahre erlebt haben.

»Möchten Sie mir erzählen, was Sie schon alles erlebt haben?«, frage ich sie neugierig.

»Gerne, wo fang ich denn an? Ich erzähle Ihnen mal von meiner Familie. 45 Jahre war ich verheiratet. Es war nicht immer leicht. Ich bin eher ein sanfter Typ, mein Mann war, wie sagt man, Choleriker. Wenn ihm was nicht passte, dann wurde er immer mal wieder laut. Da hing dann der Haussegen schief.«

»Wie ging es Ihnen denn mit dieser Art Ihres Mannes?«

»Am Anfang konnte ich das nicht gut aushalten, ich habe viel geweint. Und dann habe ich mich zu meiner besten Freundin geflüchtet, da konnte ich dann einiges von der Last abladen, das half. Und irgendwann habe ich im Laufe der Jahre gelernt, meinen Mann in genau dieser Hinsicht nicht mehr so wichtig zu nehmen. Wissen Sie, er hatte ja auch seine guten Seiten. Er hat als Elektromeister gut verdient, wir konnten miteinander ein Haus bauen, uns ging es nicht schlecht. Er hat immer für mich gesorgt.«

»Frau Berger, haben Sie eigentlich einen Beruf gelernt?«

»Nein, leider nicht, ich habe das immer bedauert. Mein Mann sagte, dass ich das nicht bräuchte, er würde für mich sorgen. Und als dann nacheinander die drei Kinder kamen, da war mein Tag ohnehin gut gefüllt. Und dann habe ich noch als Hobby das Gärtnern entdeckt. Ich habe die ganze Familie durch unseren Garten ernährt, selbst Kartoffeln habe ich angepflanzt.«

»Wenn ich Sie so reden höre, dann klingt ein gewisser Stolz heraus.«

»Ja, das bin ich: stolz. Ich habe den Laden in Schuss gehalten. Ich war die Innenministerin, mein Mann der Außenminister. Die Aufteilung hat gut geklappt.«

»Sie erwähnten Ihre drei Kinder. Ich bin neugierig: Was ist denn aus denen geworden?«

»Ach, zwei haben uns richtig Freude gemacht. Die haben erfolgreiche Berufe erlernt und haben eigene Familien gegründet. Ich bin sechsfache Oma und ich habe bereits drei Urenkel, das ist doch schon was. Aber unser Jüngster, der hat uns viel Kummer gemacht. Mit Müh und Not hat er seinen Hauptschulabschluss gemacht. Dann traf er falsche Freunde, verlor seine Arbeit. Wissen Sie, das tut einer Mutter so richtig weh.«

»Das ist sicher traurig und wiegt schwer neben dem, was Ihnen als Hausfrau, Ehefrau und Mutter alles gelungen ist.«

»Ja, das stimmt. Uns hat das immer an die Erlebnisse im Krieg erinnert. Da habe ich auch schon viele traurige Geschichten erlebt. Einige Männer aus meiner Familie fielen im Krieg, zwei kamen als Kriegsversehrte zurück. Und auch die ersten Jahre nach dem Krieg waren hart.«

»Was hat Ihnen denn damals Kraft gegeben?«, frage ich Frau Berger.

»Ach, ich glaube, von meiner Mutter habe ich gelernt, dass das Leben immer vorwärtsgeht. Diese Erkenntnis hat mich durch mein ganzes Leben getragen, damals im Krieg und dann später mit unserem Sohn.«

»Frau Berger, Sie schauen ja nun auf ein langes Leben zurück. Was bleibt da unter dem Strich für Sie?«

Frau Berger fasst zusammen: »Ich fand das Leben, also meines und das meiner Familie, immer spannend. Wir haben uns nach dem Krieg so viel erarbeitet und uns eine Existenz aufgebaut. Das war und ist schön. Aber das Leben geht nicht einfach aufwärts, aufwärts, aufwärts. Ich erlebte Rückschläge, wir waren mit unserem Sohn dem Scheitern nahe, und doch: Das Leben war schön. Eigentlich möchte ich nichts missen.«

»Unter dem Strich können Sie also eine gute Bilanz ziehen!«

»Ja, das stimmt.«

Frau Berger und ich führen noch eine Reihe von Gesprächen. Immer wieder greift sie den Faden des Erinnerns auf und zieht weiter Bilanz.

Frau Berger ist ein gutes Beispiel für etwas, das ich immer wieder erlebe. Menschen, die in Krisen sind, schauen auf das gelebte Leben zurück und ziehen Bilanz. Was war erfolgreich, was haben sie sich erarbeitet, was ist ihnen geschenkt worden? Aber auch die andere Seite war stets sichtbar: Wo war das Leben schwer, was haben sie vielleicht verloren, wo ist ihnen zum Beispiel ein Mensch durch den Tod genommen worden? Solche Gespräche nenne ich »Lebensbilanzgespräche«.

Herr Ochs ist Ende 50, hat einen Lungentumor mit Hirnmetastasen und klagt über eine zunehmende Schwäche. Die Ärzte bieten ihm eine Bestrahlung des Hirns an, deswegen kommt er auf die Palliativstation. Herr Ochs ist gleich im ersten Gespräch offen. Die Pflegenden hatten mich darüber informiert, dass er einen hohen Redebedarf habe. Er beginnt dann auch, mir seine Krankengeschichte zu erzählen. Er sei starker Raucher gewesen und auch sonst kein Kind von Traurigkeit. Dann wechselt er das Thema.

»Ich war Soldat aus Leidenschaft und habe eine Ausbildung zum Fallschirmspringer gemacht. Das war schon toll, wer ist schon Fallschirmspringer?«, erzählt er stolz. »Ich habe mir was darauf eingebildet. Ein starker Hund wollte ich sein. Und das war ich auch. Die Ehe meiner Eltern war eine einzige Katastrophe: jeden Abend Ärger und lauter Streit. Da war mir schnell klar: Eine Beziehung gehe ich niemals ein. Dafür habe ich mich in schnelle Motorräder verliebt. Je schwerer die Maschinen, umso besser. Mit Freunden sind wir nachts auf leeren Autobahnen Rennen gefahren. Einmal verlor ich die Kontrolle über meine Maschine. Außer Knochenbrüchen ist mir aber nichts passiert. Meinen Sie, ich hätte das Rasen aufgegeben? Im Gegenteil: Ich raste weiter munter drauflos. Wenn ich das heute betrachte, fasse ich mir an den Kopf und sage: ›Wie blöd warst du eigentlich, dein Leben als einsamer Wolf verheiratet mit einem Motorrad zu leben?‹ Dann kam diese Krankheit. Und irgendwie bin ich aufgewacht. Wissen Sie, mein ganzes Wertesystem hat sich verändert. Ich will die ganze Großspurigkeit nun fallen lassen. Vor einem Jahr habe ich eine Frau kennengelernt. Das tut mir wirklich tut. Ich glaube, der harte Hund wird nun am Ende weich.«

»Wenn ich Sie reden höre, dann merke ich, dass Sie Bilanz ziehen. Und Sie gehen schon hart mit sich ins Gericht, wenn Sie Ihr altes Leben beschreiben. Wie geht es Ihnen denn damit?«

»Sie meinen, ich würde mich selbst verurteilen? Das tue ich nicht. Ich sehe schon sehr deutlich, dass ich falsche Wege gegangen bin. Aber ich sehe das so: Meine Vergangenheit kann ich ja nicht ändern. Ich muss mich mit dieser Zeit irgendwie versöhnen. Aber das wird mir mit meiner Freundin wohl auch gelingen, da bin ich zuversichtlich.«

Herr Ochs zieht eine ganz andere Bilanz als Frau Berger. Was beide eint, ist, dass sie in der Zeit der Krise auf das bisher gelebte Leben zurückblicken und ihre je eigene Bilanz ziehen.

Ich erlebte Ähnliches. Immer wieder ging mein Blick in die Vergangenheit. Was hatte ich alles erlebt? Was hatte ich erreicht, was war mir geschenkt worden? Da fiel mir viel Tröstliches und Ermunterndes ein. Und natürlich kam mir fast jeden Tag in den Sinn, was ich seit meinem Unfall alles verloren hatte. Und es war ja damals noch gar nicht klar, wie mein Weg weitergehen würde. So war meine Bilanz durchaus gemischt. Ich musste aber lernen, nicht nur mit der rosaroten Brille auf mein Leben zu schauen, sondern auch die aktuell dunklen Seiten zu betrachten. Nur mit beiden Brillen konnte mein Weg weitergehen.

Ich glaube, dass wir Menschen im Leben nicht nur nach einem Sinn suchen, wie die schon besprochene Warum-Frage uns lehrt. Wir suchen unser ganzes Leben nach unserer Identität. Wer sind wir heute, und wie sind wir zu dem geworden, der wir heute sind? Wenn wir Menschen eine Krise erleben, also wenn wir krank werden, wenn wir unsere Arbeit verlieren oder wenn eine einst glückliche Beziehung scheitert, dann ziehen wir automatisch Bilanz. Sie können ja mal in Ihrem Leben an solche Situationen zurückdenken. Sie werden feststellen: Auch Sie ziehen Bilanz. Machen Sie es wie Frau Berger oder Herr Ochs: Schauen Sie kritisch, aber nie verurteilend auf Ihr Leben.

Zählen Sie auf, was für Sie gelungen war, und was nicht. Und erinnern Sie sich immer wieder an das Gelungene. Mag es noch so wenig sein, was Sie da entdecken. Es ist der größte und wichtigste Teil Ihres Lebens.

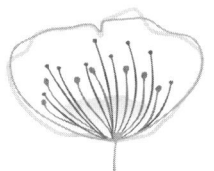

Leid erkennen und lindern

»Mama«, sagt die Tochter von Frau Schneider, »du musst doch was essen. Guck mal, ich hab dir deine Lieblingssuppe mitgebracht, iss doch was!« Frau Schneider trägt jetzt doppelt Last. Zum einen, weil sie aufgrund eines Tumors nichts mehr runterkriegt, zum anderen, weil ihre Tochter Druck macht. Zu ihrer Tochter sagt sie: »Susanne, ich kann einfach nicht essen, alles widerstrebt mir. Außerdem wird mir übel, sieh das doch ein.«

»Aber, Mama, wenn du nichts mehr isst, wo führt das denn hin? Das macht mir Angst.«

»Das verstehe ich, aber wenn du mir hier in der Klinik laufend Druck machst mit dem Essen, dann hilft mir das doch auch nicht weiter.«

Was aber hilft?

Der Arzt setzt sich mit Frau Schneider und ihrer Tochter zusammen. »Ich erkläre Ihnen noch mal, was das Problem mit dem Essen im Moment ist. Ihre Speiseröhre hat wegen des Tumors eine Enge. Sie merken ja selbst, dass Ihnen das Essen zunehmend schwerfällt. Daran können weder Sie noch ich etwas ändern. Schuld hat der Tumor, nicht Sie.« Zur Tochter gewandt fährt er fort: »Sehen Sie, es ist schön, dass Sie sich Sorgen um Ihre Mutter machen. Aber wenn Sie weiter Druck machen beim Thema Essen, dann werden Sie den Kontakt zu Ihrer Mutter verlieren. Wir werden sie jetzt über eine ihrer Venen ernähren. Da bekommt sie alles, was sie braucht. Und das Tolle ist, dass sie weniger Übelkeit haben wird und vom Druck des Essenmüssens befreit ist. Wie finden Sie das?«

»So hat mir das noch keiner erklärt«, antwortet Frau Schneiders Tochter überrascht. »Vielen Dank dafür.« Der Arzt hatte die Situation schnell erkannt und mit seinem behutsamen Gespräch den Druck von den beiden Frauen genommen. So konnte er das Leid ein wenig lindern.

Von Frau Schneider lernte ich, dass Druck gar nichts bewirkt. Doch: Druck verschlimmert die Situation. Wichtig ist, den Druck wegzunehmen oder ihn zumindest zu verringern. Erst wenn der Druck schwindet, kann eine weitere Genesung gelingen. Bei mir war das nicht anders gewesen. Ich stelle mir vor, Anette hätte mich unter Druck gesetzt. Sie hätte sagen können: »Klaus, jetzt stell dich nicht so blöd an. Streng dich mal an, damit du vorwärtskommst.« Wahrscheinlich wäre ich heute noch in der Rehaklinik.

Oder ich stelle mir vor, dass meine Therapeuten wenig Verständnis gehabt hätten für die nur klitzekleinen Fortschritte, die ich machte. »Herr Aurnhammer, das ist nicht gut, was Sie hier leisten. Da haben wir uns aber etwas anderes erwartet.« Mit solchen Botschaften wäre ich kaum vorangekommen. Doch weder Anette noch die Therapeuten bauten Druck auf. Von allen Seiten spürte ich kleine Impulse, die mich ermunterten, nach vorne zu schauen und meinen Weg weiterzugehen. Ohne Druck. Alle um mich herum erkannten mein Leid und fanden Möglichkeiten, dieses Leid zu lindern.

Irgendwann kannte ich mich in der Klinik aus. Den Hol- und Bringdienst brauchte ich nicht mehr. Welch eine Erleichterung: kein Kleinkind mehr sein, wie schön. Das Leben begann wieder Spaß zu machen.

Mit dem Wechsel in ein neues Zimmer wechselte ich auch den Oberarzt. Dr. Metner und ich verstanden uns auf Anhieb. Er hatte eine Art Humor, die mir gefiel, und er war ziemlich kompetent. Mit ihm musste ich nun regelmäßig über die Verlängerung meines Aufenthaltes verhandeln. Die Klinik bekam von den Kassen sogenannte Kontingente. Die galt es an die Patienten zu verteilen, von denen man sich Fortschritte versprach. Auf meinem Wandkalender notierte ich brav den vorläufig nächsten Entlassungstag, um ihn Anette mitteilen zu können. So hangelten wir uns durch die Monate. Man hielt mich offensichtlich für einen aussichtsreichen Kandidaten für eine gelungene Rehabilitation. Jedenfalls bekam ich regelmäßig eine weitere Verlängerung für meinen Aufenthalt.

Ich war irgendwann natürlich auch wieder im Speisesaal zum Essen, ich fand ihn mühelos. Das Essen schmeckte dort eigentlich immer, ganz anders als das, was mir aufs Zimmer gebracht wurde. Ich besprach mich mit der Diätassistentin: »Frau Huber, ich will mich gesund ernähren. Was raten Sie mir?«

»Essen Sie gerne Müsli?«

Ich bejahte und so wurde mir jeden Morgen ein Müsli an meinen Platz gestellt. Ab und zu aber hatte ich Lust auf ein Brötchen mit Frischkäse und Marmelade. Da ignorierte ich das Müsli an meinem Platz. Die Mitarbeiterinnen fanden das in Ordnung, nie wurde ich zurechtgewiesen.

Natürlich saß ich am Tisch nicht allein. Wir saßen immer zu zweit, einander gegenüber. Und in den vielen Wochen sah ich so manche Menschen kommen und gehen. Da gab es zum Beispiel Frau Reiter. Frau Reiter meckerte permanent über das Essen. Ich mochte ihre negative Art nicht. »Das Fleisch ist ja gar nicht durchgebraten«, rief sie ständig, »und das Gemüse ist ja fast noch roh.« So ging das eine ganze Woche. Dann war sie zu meinem Glück weg. Etwas länger saßen Herr Müller und ich am Tisch.

»Was führt Sie denn hierher?«, fragte ich ihn.

Und dann begann er zu erzählen. Das war hochspannend. Er hatte vor Jahren einen gutartigen Tumor im Kopf entwickelt, war bereits mehrfach operiert worden. Zuletzt war noch einmal ein Tumor entfernt worden, allerdings auch ein Teil seines Gehirnes. Um sich von den Folgen zu erholen, war er in die Neurologische Rehaklinik gekommen. Er zeigte mir offen seine vielen Narben rund um seinen Kopf. Natürlich erzählte ich auch meine Geschichte und wir unterhielten uns interessiert über unsere Erfahrungen. Diese Gespräche waren übrigens die einzigen, in denen ich mich mit einem Mitpatienten unterhielt. Das fand ich in den Monaten schon seltsam. Warum gab es so wenige Mitpatienten, mit denen ich mich offen austauschen konnte?

War das ein Schutz vor anderem Leid? Ich weiß es bis heute nicht.

Eines Tages wollte ich aus dem Bett aufstehen, fiel aber sofort zurück. Schwindel hatte mich erfasst. Ich blieb ruhig liegen, aber in meinem Kopf kreiste es einfach weiter. Der Schwindel wollte nicht weichen. Also rief ich eine Schwester: »Schwester, ich hab einen irren Schwindel, der nicht weggeht, das macht mir Angst.«

Mein Blutdruck war in Ordnung und so kam nach einigen Minuten der Arzt. Er befragte mich ausführlich, leuchtete mir in die Augen und meinte dann: »Ich kann Sie beruhigen, Ihr Schwindel hat nichts mit Ihrem Infarkt zu tun. Was Sie haben, ist ein benigner paroxysmal auftauchender Lagerungsschwindel.«

Alles klar? Nun ja, wozu hat man erstens sein Graecum und zweitens eine Krankenpflegeausbildung gemacht?

»Also, ich versuche mal zu verstehen, Herr Doktor«, antwortete ich ihm. »Benigne heißt gutartig, paroxysmal heißt, glaube ich, plötzlich, und Lagerungsschwindel ist Lagerungsschwindel. Stimmt das?«

»Ja super, Herr Aurnhammer, Sie haben in der Schule wohl aufgepasst. Schauen Sie, ich erklär es Ihnen. Im Innenohr gibt es viele kleine Härchen, die die Raumlage sozusagen sondieren und an das Gehirn melden. Jetzt kommt es manchmal vor, dass sich kleine Kristalle bilden. Die lösen dann diesen Lagerungsschwindel aus.«

»Gut, und was kann man dagegen tun?«, fragte ich vorsichtig.

»Was hilft, ist drei Tage lang eine kraftvolle Rollkur. Die funktioniert so: Sie legen sich mehrfach am Tag aufs Bett und dann rollen Sie Ihren Körper einfach kraftvoll drei bis vier Minuten hin und her. Sie werden sehen, in drei Tagen ist das spurlos verschwunden. Ich verrate Ihnen auch das Geheimnis. Durch das Rollen lösen sich die Kristalle auf den Härchen. Sind die Kristalle weg, ist Ihr Schwindel weg.«

Der Mann sollte Recht behalten. Bis heute bin ich schwindelfrei.

In einer der folgenden Wochen sollte mein Herz untersucht werden. Dazu wurde ich in eine Partnerklinik nach Weiskirchen gebracht.

Dort angelangt, empfing mich der Chefarzt. »Hallo, Herr Aurnhammer, wir kennen uns doch. Sie haben doch über meine Frau vor einigen Jahren hier beim Hospizverein mal einen Vortrag gehalten. Und als ich Ihren Namen las, habe ich meinen Kollegen gesagt: ›Den übernehme ich persönlich.‹«

Nicht schlecht, wenn einem ein solcher Ruf vorauseilt. Wie nennt man das: Glück im Unglück? Jedenfalls atmete ich erleichtert auf. Ein Arzt, den ich kannte, nahm mich in seine Obhut und sollte mein Herz untersuchen, das fand ich gut. Ich erzählte dem Arzt die Kurzfassung meiner Geschichte.

Nach einigen Tests teilte mir der Kardiologe den erfreulichen Befund mit: »Also, Herr Aurnhammer, Ihr Herz ist bis auf die Schäden des Infarktes, die gut zu sehen sind, völlig intakt. Die Herzwand ist in Ordnung, die Klappen funktionieren, wie sie funktionieren sollen, die anderen Gefäße sind auch tadellos, da stimmt eigentlich alles. Unter dem Strich kann ich Ihnen sagen, dass Ihr Herz 103 Prozent Leistungskraft hat, auf Ihr Alter gerechnet natürlich. Sie können sich wirklich freuen. Und ich prognostiziere Ihnen: Sie werden in Ihren geliebten Beruf zurückkehren können, Sie arbeiten ja mit Ihrem Kopf und …«, er machte eine kurze Pause, »und mit Ihrem Herzen. Sie wissen, wie ich das meine, nicht wahr?«

»Ja, das weiß ich, vielen Dank für die ermutigende Untersuchung, das tut mir gut.«

Für mich war es eine große Herausforderung, wahrscheinlich die größte überhaupt, mein eigenes Leid zu erkennen. Mir wurde klar, dass ich erst dann weiterkomme, wenn ich sehr genau dorthin schaue, was ich alles verloren hatte. Von meinen Patientinnen und Patienten hatte ich gelernt, dass der Weg nie gegen das Leid gehen kann, sondern nur durch das Leid hindurch. Hier fühlte ich mich Jesus tatsächlich nahe. Der war ja auch nicht gegen sein Schicksal angegangen. Er hatte sein Leid erkannt und angenommen. Und er war tapfer hindurchgegangen. Das wollte ich auch tun: durch mein eigenes Leid hindurchgehen. Was würde geschehen, was würde sich in meinem Leben durch diesen Weg verändern? In der Klinik erfuhr ich tatsächlich, dass mein Leid kleiner wurde. Weg war es nicht, Leid bleibt immer Leid. Aber wenn es für Menschen Wege und Möglichkeiten gibt, dem Leid mit Therapie, Pflege und guten Gesprächen zu begegnen, dann verringert sich das Leid. Patienten sagen dann häufig: »Es ist nicht schön, so krank zu sein, und ich bin auch immer wieder traurig, aber wenn die Schmerzen so bleiben, dann kann ich das alles tragen.«

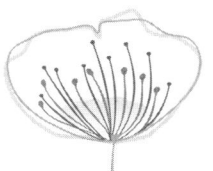

Die Verdrängung überwinden und einsichtig werden

Frau Kern ist 64 Jahre alt. Sie leidet an Brustkrebs. Der Tumor ist in den letzten Wochen sichtbar gewachsen, man kann ihn als harten und nicht verschiebbaren Knoten deutlich spüren. Jetzt reißt die Haut auf, es entsteht eine offene Wunde. Bei Frau Kern wird die Wunde größer und beginnt zu nässen und dann auch zu bluten. Sie sagt zu Schwester Kordula beim Verbandswechsel: »Das blöde Ding ist nun mal da, ja und es stinkt und das sieht beim Verbandswechsel wirklich nicht gut aus, aber es ist nun mal ein Teil von mir. Ich will das sehen, auch wenn das nicht schön ist.«

Ich lerne Frau Kern an einem Montag kennen. »Guten Morgen, Frau Kern, ich bin Ihr Seelsorger und wollte mich bei Ihnen vorstellen.«

»Das ist nett von Ihnen. Nehmen Sie sich doch einen Stuhl.«

»Wie geht es Ihnen denn hier? Ich hörte, Sie sind am Freitag gekommen?«

»Ach, wissen Sie, hier geht es mir recht gut. Zu Hause war es zuletzt schlecht. Erst die Schmerzen, und dann hat sich meine Wunde entzündet, das tat weh.«

»Darf ich fragen, wie lange Sie die Erkrankung schon haben, Frau Kern?«

»Das geht jetzt schon drei Jahre. Am Anfang habe ich das gar nicht glauben wollen, was die Ärztin mir da erzählen wollte. Ich sollte Brustkrebs haben. Das wollte ich gar nicht hören und schon gar nicht einsehen. Zunächst habe ich schon kraftvoll verdrängt, ich wollte einfach dieses blöde Ding nicht wahrhaben, was meinen Sie, was ich gemeckert und gehadert habe. Meine Familie tut mir jetzt noch leid.«

»Das scheint sich aber geändert zu haben, so offen, wie Sie mir davon erzählen.«

»Ja, meine beste Freundin hat mir damals sehr geholfen. Sie hat mich ermuntert, genau hinzuschauen auf meine Situation, hat Unterstützung angeboten und so weiter. Das hat mir geholfen, die Verdrängung zu überwinden. Jetzt sehe ich klar, was Sache ist. Ich weiß, dass ich nicht mehr lange zu leben habe, aber so ist das eben.«

»Wie geht Ihr Mann damit um?«, frage ich sie behutsam.

»Der hat sich am Anfang noch schwerer getan als ich. Und nach der ersten Operation spürte ich, wie sich sein Verhalten mir gegenüber als Frau veränderte. Als hätte er Scheu, mich zu berühren. Aber wir haben eine gute Beziehung. Also besprach ich meine Bedürfnisse nach Nähe mit ihm. Und er hat das dann auch verstanden und sich mir auch körperlich wieder genähert. Heute steht er mir kraftvoll zur Seite, das tut gut.«

Was lernte ich von dieser Frau? Unglaublich viel: Hinschauen, sich mit der eigenen misslichen Lage auseinandersetzen, die Dinge beim Namen nennen, ohne sie zu dramatisieren. Sie wurde mir Vorbild, als es mich getroffen hatte. Ich lernte, meine Situation anzuschauen, auch wenn das wehtat. Ich lernte, meinen Therapeuten und Anette gegenüber nicht den starken Mann zu spielen, sondern immer wieder selbst zu formulieren, was ich alles nicht konnte. Einer meiner Therapeuten hat das mal so gesagt: »Herr Aurnhammer, was ich an Ihnen wirklich schätze, ist Ihr ausgeprägtes Störungsbewusstsein. Sie wissen genau, was Ihnen alles nicht gelingt, und formulieren das auch ausdrücklich. Das ist für mich als Therapeut sehr hilfreich, und ich sage Ihnen aus meiner Erfahrung heraus, dass genau das Sie nach vorne schieben wird.«

Der Mann sollte Recht behalten.

Frau Stürmer ist erst Ende 50. Sie hat einen Tumor in der Lunge, der bereits in die Leber metastasiert hat. Sie trägt ihre Situation mit Fassung, sie schätzt ihre Lage realistisch ein. Im Gespräch mit mir sagt sie: »Ich weiß doch, was ich habe, da gibt es nichts schönzureden. Das ist zwar traurig und ich war auch eine Weile richtig wütend, aber jetzt muss ich das eben hinnehmen, wie es ist.«

Ganz anders ihre beiden Töchter. Die können das Ganze nicht so einfach hinnehmen wie ihre Mutter. Sie wollen kämpfen. Täglich suchen sie das Gespräch mit dem Arzt und drängen darauf, dass noch etwas gegen den Tumor gemacht wird. Das könne doch nicht sein, dass da nichts mehr gehe. Der Arzt versucht, ihnen die Lage medizinisch zu erklären. Er sähe keine Möglichkeit, den Tumor mit Erfolg zu bekämpfen, er sei schon zu weit fortgeschritten und weder Chemotherapie noch Bestrahlung würden der Mutter helfen können. Die Töchter reagieren wütend: »Das ist unmöglich. Unsere Mutter ist doch noch so jung und wir brauchen sie noch.«

Noch mal versucht der Arzt, ihnen die Aussichtslosigkeit einer Therapie zu erklären. Die Töchter verharren in der Wut und brechen das Gespräch ab. In den nächsten Tagen gibt es weitere fordernde Gespräche zwischen dem Arzt und den Töchtern, immer mit dem gleichen Ergebnis. Beim Teamgespräch berichtet der Arzt von diesen nicht gut verlaufenen Gesprächen und bittet mich, mit den Töchtern zu reden. Das tue ich. Ich lasse mir die Situation aus ihrer Sicht schildern und zeige Verständnis für ihre Wut, versuche aber auch die Perspektive des Arztes zu verdeutlichen. Die aber wollen sie partout nicht gelten lassen. »Wenn hier nichts passiert, dann gehen wir eben mit unserer Mutter woandershin«, so ihr Entschluss.

In den folgenden Tagen nehmen sie mit verschiedenen anderen Kliniken Kontakt auf, um sich zu erkundigen. Als ich die Töchter nach einigen Tagen wieder treffe, frage ich sie nach dem Ergebnis ihrer Erkundigungen. Schon ihren Gesichtern sehe ich an, dass sich etwas geändert hat. Mit enttäuschter und trauriger Stimmlage berichten sie: »Die Ärzte, mit denen wir gesprochen haben, sagten alle, sie würden den Tumor weder operativ noch chemotherapeutisch behandeln. Das bringe nichts mehr. Das haben wir jetzt eingesehen, aber wir sind ziemlich traurig.«

»Das glaube ich Ihnen«, antworte ich. »Sehen Sie, wenn das jetzt so ist, dann lassen Sie uns doch auf das schauen, was Ihrer Mutter in dieser Situation helfen kann. Was fällt Ihnen denn da ein?«

Die Töchter überlegen. »Na, wir wollen doch ihr Bestes. Also werden wir sie jeden Tag besuchen, um ihr beizustehen.«

»Das finde ich sehr gut«, antworte ich, »aber fragen Sie sie auch immer wieder, was sie selbst möchte. Ich habe den Eindruck, dass Ihre Mutter die Situation sehr realistisch einschätzt. Wenn Sie jetzt von Ihrer Wut lassen können, dann gibt es vielleicht die Möglichkeit für Sie drei, den Weg, der kommen wird, miteinander zu gehen.«

In den nächsten Tagen bis zum Tod von Frau Stürmer ist es im und um das Zimmer deutlich ruhiger. Die Wut ist einem behutsamen Umgang miteinander gewichen, es gibt keine Konfliktgespräche mehr mit dem Arzt.

Frau Stürmer und ihre Töchter zeigten mir, wie ein Erkenntnisprozess verlaufen kann. Vom ersten Aufbäumen über die Wut bis hin zu einem ruhigen Anschauen der Wirklichkeit, wie sie eben ist. Sie lernten, von sich hin zur Mutter zu schauen, um zu entdecken, was ihr guttat.

Auch mir half die Einsicht in meine Lage. Zum Glück hatte ich mich ja kaum gegen das, was das Leben mir da aufgetragen hatte, gesträubt. Ich konnte es recht früh annehmen, wie es halt war. Diese

Krankheitseinsicht hat mir in den Monaten meiner Genesung ungeheuer geholfen. Dass man sich über Störungen, die einen selbst betreffen, tatsächlich freuen kann, ist erstaunlich, aber es ist hilfreich.

Zurück in Illingen standen Übungen zum Hirnleistungstraining an. Auch so ein Begriff, der vorher in meinem aktiven Wortschatz nicht vorkam.

Frau Claus ist Expertin für Hirnleistungstraining Ich weiß nicht, wie viele Sitzungen wir zusammen hatten, mindestens zwei in jeder Woche, manchmal auch drei. Ihre Aufgaben waren vielfältig, die Übungen, zu denen sie mich anleitete, waren breit gefächert.

Ein Aspekt war, meine Konzentration und Aufmerksamkeit zu testen und dann auch zu fördern. Ich muss sagen, diese Sitzungen waren einfach die Wucht. Frau Claus gab mir ganz unterschiedliche Aufgaben, die verschiedenste Hirnregionen forderten. So musste ich auf einem Blatt mit 30 Zeilen eine Zahlenfolge, die ganz vorne links stand, in der jeweiligen Zeile wiederentdecken. Es fing mit drei oder vier Zahlen an und steigerte sich auf acht. Mein Auftrag war dann immer, auf dem Blatt die Zahlen anzukreuzen Dazu brauchte ich Durchhaltevermögen und Konzentration. Aber ich wollte ja üben. Und es gelang von Mal zu Mal besser. Eine ähnliche Aufgabe funktionierte mit Wörtern unterschiedlicher Länge. Auch hier sollte ich die entdeckten Wörter ankreuzen. Wir stellten fest: Zahlen waren für mich schwieriger zu erkennen als Wörter. Das allerdings wunderte mich nicht. Bei den Wörtern gab es eine Steigerung. Nach einiger Zeit sollte ich die Wörter auch rückwärts gelesen entziffern. Auch das gelang mit der Zeit immer besser. Als ich einigermaßen gut geworden war, zückte Frau Claus ein Blatt mit einem großen Kreis darauf. Der Kreis war über und über gefüllt mit Buchstaben. Oberhalb des Kreises waren etliche Wörter, kurze und lange, abgedruckt. Die sollte ich in dem Buchstabengewirr finden, und zwar waagerecht, senkrecht und (!) diagonal. Mensch, das war für mein Hirn eine echte Herausforderung. Viele Wörter entdeckte ich, manche aber auch nicht. Das war eine schwere Übung für mich und mein Gehirn, aber ich wollte sie machen, immer wieder. So übt man Aufmerksamkeit und Konzentration. Und ich durfte wieder erfahren, welch hilfreichen Sinn das Üben hat.

Der Beginn jeder Sitzung war allerdings völlig anders. Da standen Motorik und Koordination auf dem Lehrplan: Die Therapeutin lehrte mich, meine Finger intensiver zu nutzen. Die Übung klingt leicht, für mich war es stets eine Herausforderung. Meine Therapeutin erklärte: »Herr Aurnhammer, Sie heben den Daumen der linken und den kleinen Finger der rechten Hand gleichzeitig an, dann den Mittelfinger der rechten und den Ringfinger der linken Hand und dann das Ganze umgekehrt, verstanden?«

Ne, das war für mein Hirn noch zu schwer. Immer im Wechsel links und rechts zwei verschiedene Finger anheben? Das konnte nur schiefgehen. Aber Frau Claus blieb tapfer dabei. Nach drei Tagen klappte es zum ersten Mal gut. Ich machte erstaunliche Erfahrungen mit meinen koordinativen Fähigkeiten. Ob ich das vor dem Infarkt hätte besser machen können? Ich weiß es nicht. Ich nahm diese Übung als sportliche Herausforderung. Ich zeigte sie Anette und dann übten wir zu zweit. Ich hatte ein kindisches Vergnügen an dieser kleinen Übung.

Dann gab es eine Übung für mein Gedächtnis. Auch das war ja ein wenig lädiert. Als Frau Claus die Übungen mit dem Gedächtnis ansprach, erschrak ich: Ich erinnerte mich nur zu gut an die schlechten Ergebnisse beim Memory-Spielen aus Elzach. Und nun sollte ich mich hier beweisen? Mich beschlich Angst, Angst zu versagen, Angst, dass mein Gedächtnis endgültig lädiert sein könnte. Ohne Gedächtnis kann man zwar leben, aber arbeiten? Das wäre nicht gut. Wir arbeiteten zunächst mit quadratischen Fotokarten. Frau Claus hatte offensichtlich einen immensen Fundus an quadratischen Fotokarten. Die Bilder zeigten jeweils einen Gegenstand: einen Apfel, eine Banane, ein Bett, einen Stuhl, ein Stück Seife und eine Zahnpastatube und so weiter. Frau Claus begann mit vier Karten. »Schauen Sie sich die vier Karten genau an. Lassen Sie sich ruhig Zeit, damit Sie sich die Bilder merken können.«

Zum Merken gehörte, dass ich das Gesehene laut benennen musste: »Ich sehe einen Apfel, eine Banane, ein Bett, einen Stuhl, eine Seife und eine Zahnpasta.«

»Gut, merken Sie sich das, am Ende der Sitzung frage ich Sie wieder danach.«

Das mit den vier Gegenständen hat sie sicher nur deswegen getan, damit ich einen guten Einstieg bekam. Vier waren auch für mein Hirn damals kein Problem. Frau Claus steigerte die Anzahl der Karten. Erst waren es vier, dann waren es sechs, dann acht, dann zehn. Es wurde tatsächlich schwerer. Als wir bei zehn Karten waren, bekam ich einen Tipp: »Sehen Sie sich die Karten an, dann ordnen Sie sie nach einem Muster, das Ihnen plausibel erscheint.«

Ich legte also Obst zu Obst, Toilettenartikel zu Toilettenartikel, Zimmergegenstände zu Zimmergegenständen. Ab und zu half mir Frau Claus bei der Logik. Immer wenn ich sortiert hatte, sagte sie: »So, Herr Aurnhammer, jetzt wiederholen Sie bitte erst mit offenen

Augen und dann mit geschlossenen Augen, was Sie gelegt haben.« Das tat ich, so gut ich es konnte.

»Jetzt machen Sie bitte die Augen noch einmal auf und schauen genau hin.«

Dabei entdeckte ich natürlich schnell meine Fehler. Und immer am Ende der Sitzung sagte meine Therapeutin: »So, und jetzt noch mal bitte die Bildfolge vom Anfang.« Ich wurde besser und besser. Am Ende des Aufenthaltes konnte ich ohne Mühe 16 verschiedene Bilder erinnern und richtig wiedergeben.

»Damit haben Sie das Level erreicht, was Ihrem Alter entspricht«, lobte Frau Claus. »Glückwunsch.« Ein Glücksgefühl durchströmte mich. Ich schnupperte Normalität, jedenfalls ein klein wenig.

Mit zunehmendem Erfolg bei der Gedächtnisübung schwand die anfängliche Angst Stück für Stück. An die Stelle trat eine leise Zuversicht und Hoffnung, dass mein Hirn doch noch zu retten war.

Dennoch wurde mir bei jedem Misserfolg schmerzlich bewusst: Etwas hatte sich in meinem Kopf definitiv verändert. Der »neue« Klaus war nicht mehr der »alte«. Welche Auswirkungen würde das wohl haben? Das konnte ich zu dieser Zeit nicht ermessen. Es beunruhigte mich.

Mittlerweile war ich umgezogen in ein anderes Zimmer. Es hatte als Luxuselement einen Balkon, und meiner war der einzige mit einer funktionierenden Markise. Wie viele Stunden habe ich da mit Anette und Freunden gesessen? Das war wunderschön.

Auch Illingen liegt sehr idyllisch zwischen sanften Hügeln und Wiesen und kleinen Wäldern. Auf einem unserer langen Spaziergänge lag ein schöner Weg vor uns. An diesem suchten und fanden wir einen alten, nicht mehr benutzten Friedhof mit einem gewaltigen Mammutbaum. Wir hatten immer den kleinen Fotoapparat dabei und Anette meinte, ich solle mich mal an den Baum stellen. Der kleine hirngeschädigte Klaus an diesem machtvollen Baum. Das war ein Bild! Ich liebe es bis heute. Wir entdeckten drei kleine Kälbchen und sahen sie wachsen in dieser Zeit. In einem Waldabschnitt fanden wir Himbeeren und Brombeeren, an denen wir uns labten. Eines Tages sahen wir mehrfach einen Fuchs unseren Weg kreuzen. Und immer wieder begegneten uns Rehe. Und diese Sonnenuntergänge! So intensiv habe ich sie noch nie wahrgenommen wie in dieser Zeit. In den Monaten sahen wir Frühlings- und Sommerblumen in allen erdenklichen Farben. Das Leben, dachte ich, war doch einfach großartig. Diese Erfahrungen in und mit der Natur waren für mich sehr hilfreich.

Da kam uns eine Idee. So viele Leute aus nah und fern hatten mit uns Kontakt aufgenommen. Schon früh hatte mir die Klinik, in der ich arbeite, ein ganzes Heft mit Genesungswünsche verschiedenster Kolleginnen und Kollegen zugesandt. Ich hatte mich darüber sehr gefreut. Wir wollten eine Antwortkarte kreieren. Das taten wir an einem der Wochenenden und ließen 100 solcher aufklappbaren Karten aus festerem Karton drucken. Ich war ganz beglückt, als ich gemeinsam mit Anette am PC saß und mich erinnerte, wie man Dinge kopiert und einfügt und wie man Text layoutet. Da war doch etwas in meinem Hirn gesund geblieben. Ich hatte auch bereits eine Idee für den Text. Ich liebe seit vielen Jahren Hanns Dieter Hüsch und seine Texte. Ich schätze seine warme, menschennahe und humorvolle Art, die

Welt und die Menschen zu beschreiben, zudem war er ein überzeugter Christ. In dem Buch, das Anette mir mit Großbuchstaben mitgebracht und mit dem ich meine ersten Schreibversuche gemacht hatte, fand ich folgenden Text von ihm:

Psalm
Ich bin vergnügt, erlöst, befreit.
Gott nahm in seine Hände meine Zeit,
mein Fühlen, Denken, Hören, Sagen,
mein Triumphieren und Verzagen,
das Elend und die Zärtlichkeit.

Was macht, dass ich so fröhlich bin
in meinem kleinen Reich?
Ich sing und tanze her und hin
vom Kindbett bis zur Leich.

Was macht, dass ich so furchtlos bin
an vielen dunklen Tagen?
Es kommt ein Geist in meinen Sinn,
will mich durchs Leben tragen.

Was macht, dass ich so unbeschwert
und mich kein Trübsinn hält?
Weil mich mein Gott das Lachen lehrt
wohl über alle Welt.

Hanns Dieter Hüsch

Diesen Text platzierten wir auf die Innenseite der Karte, und vorne war ich vor dem großem Baum zu sehen. Hundert dieser Karten sandten wir in die Welt.

Anette und ich unterhielten uns jeden Tag sehr intensiv über mich, die Fort- und Rückschritte, über das Leben, über unsere Freunde und unsere Arbeit, eigentlich über alles. Es war für unsere Beziehung eine gute, sehr intensive Zeit, die ich nicht missen möchte.

In der Zeit in Illingen meldeten sich viele Freunde an. Anette hatte den Auftrag, das alles zu koordinieren, das konnte ich damals nicht allein. Die vielen Besuche ermunterten doch sehr und verschafften sowohl mir als auch Anette Rückenwind. Natürlich gab es auch jede Menge guter Ratschläge. Ich solle nur langsam machen, mich nicht übernehmen. Und wenn ich wieder arbeiten könnte, müsse ich ja nicht gleich Vollzeit arbeiten. Ich hörte sehr wohl die Sorge der Besucher, aber ich hatte, je länger ich in Illingen war, einen immer stärkeren Drang, wieder arbeiten gehen zu können. Da war er wieder, der alte Ehrgeiz. Ein befreundeter Neurologe war einer der ersten Besucher. Er hörte meinen Lagebericht aufmerksam an und sagte dann: »Klaus, ich glaube, du bist auf einem guten Weg, das freut mich richtig. Du lernst eine Unmenge in dieser Zeit. Mach dir einfach klar: Immer wenn du schläfst, darfst du sicher sein, dass das neu Gelernte sich tief in deinem Gehirn festigt. Das ist einfach so. Und nimm dir alle Zeit, die du brauchst.«

Ich bekam auch ein Buch mit von Oliver Sacks: *Der Tag, an dem mein Bein fortging*. Sacks erzählt von einem Urlaub in Norwegen, den er allein dort verbrachte. Auf einem steilen Abstieg stürzt er und bricht sich ein Bein. Unter Schmerzen schafft es sich auf einen befahrenen Weg. Dort finden ihn Bauern, die ihn dann in ein Krankenhaus bringen. Das Bein ist längere Zeit eingegipst und verschwindet aus seinem Bewusstsein. Es ist für sein Hirn einfach nicht mehr existent. Seine Ärzte staunen, weil der Bruch eigentlich gut verheilte. Aber er konnte lange Zeit nicht stehen oder gehen, musste einige Wochen im Rollstuhl verbringen. Erst in der Rehaklinik, wo er andere, in ähnlicher Weise Geschädigte trifft, keimt bei ihm Hoffnung auf Genesung auf. Eines Tages fasst er Mut und steht »einfach« von seinem Rollstuhl auf und versucht, einige Schritte zu gehen. Und siehe da: Es gelingt ihm. Übung und Ehrgeiz hatten ihn nach vorne gebracht. Ich war von der Lektüre wie elektrisiert. Auch wenn mein Schaden ein Dachschaden und kein Knochenbruch war, erzählte doch Sacks eine ähnliche Geschichte, wie ich sie erlebte.

Nie gab es ein stetes Aufsteigen der mentalen und geistigen Kräfte. In all den Monaten war es ein Hin und ein Her, ein Auf und ein Ab. Und diese Bewegungen, auch die unschönen, gehörten nun zu meinem neuen Leben.

In meiner Lage liegt ein permanentes Verdrängen irgendwie auf der Hand. Wer will schon täglich, und das nun seit Monaten, immer genau mit der Nase darauf gestoßen werden, was alles früher wunderbar funktionierte, nun aber in mühsamer Kleinarbeit zurückerarbeitet werden will? Da will man doch weggucken. Aber das hilft nicht. Ich erkannte in jeder Therapieeinheit, wie wichtig es ist, dass man seine Krankheit nicht verdrängt, sondern so annimmt, wie sie sich äußert, und damit »arbeitet«. In den Therapieeinheiten hatte ich gelernt, nicht zu verdrängen, sondern möglichst tapfer meinen Weg zu gehen.

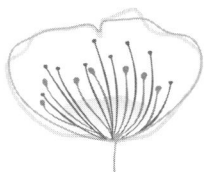

Die Macht liebender Erinnerung erkennen

Herr Sturm hat einen Lungentumor mit Metastasen an verschiedenen Organen. Er ist mit Mitte 50 noch recht jung. Er klagt über Schmerzen und über Luftnot, bekommt Schmerztabletten, Atemtherapie und Sauerstoff über die Nase. Herr Sturm ist verheiratet und hat Kinder, die gerade mal junge Erwachsene sind. Er sorgt sich um sie und ihre Zukunft. Er entwickelt Unruhe und äußert sie bei der Visite. Der Arzt fragt nach: »Herr Sturm, wie ist die Unruhe, ist sie schwach oder stark, ist sie ununterbrochen da oder wiederkehrend mit Pausen dazwischen?«

Herr Sturm erklärt: »Nein, sie ist nicht immer da, aber wenn sie kommt, dann ergreift sie mich ganz.«

Der Arzt hört aufmerksam zu und schlägt dann vor: »Ich würde Ihnen gerne ein beruhigendes Medikament verordnen. Sie können es nach Bedarf bei den Schwestern anfordern. Dann sehen wir mal weiter.«

Eine Weile geht das gut, dann aber wird die Unruhe stärker. Der Arzt sucht das Gespräch mit Herrn und Frau Sturm. Er skizziert die bisherige Entwicklung und schlägt eine palliative Sedierung vor: »Herr Sturm, wir haben es ja in den letzten Tagen mit beruhigenden Medikamenten versucht, die Sie immer dann bekamen, wenn Sie sie brauchten. Das hat wenig geholfen. Ich schlage Ihnen vor, dass wir Ihnen über eine Pumpe permanent ein Medikament geben, das Sie schlafen lässt. Das Medikament wirkt sehr schnell, wenn es ins Blut gelangt. Wir fangen heute Abend damit an. Morgen früh machen wir die Pumpe kurz aus. Das Medikament ist innerhalb einer halben Stunde abgebaut. Dann werden Sie wach, und wir fragen Sie, wie es Ihnen geht. Geht es Ihnen gut, bleibt die Pumpe aus, geht es Ihnen schlecht, machen wir sie wieder an, und nach wenigen Minuten schlafen Sie wieder. Sind sie damit einverstanden?«

Frau Sturm ist still geworden. Sie hatte immer noch auf eine Besserung der Lage gehofft, jetzt schweigt sie zunächst. Dann kommen ihr die Tränen. »Thorsten«, sagt sie weinend, »ich will dich nicht verlieren, die Kinder sind noch so jung.« Sie wendet sich dem Arzt zu: »Herr Doktor, gibt es denn da gar nichts anderes?«

Der Arzt wartet ein wenig mit der Antwort. Dann sagt er zu den beiden: »Sehen Sie, wir haben in den vergangenen zwei Wochen alles versucht, um die Luftnot und die Unruhe zu lindern. Aber die Krankheit ist fortgeschritten. Unser Ziel war es bisher, die Krankheitszeichen zu lindern. Und das Ziel habe ich für Sie beide immer noch. Allerdings ist es so, dass wir, um dieses Ziel zu erreichen, Ihren Mann in einen dauerhaften Schlaf legen müssen. Diese Entscheidung kann und darf ich nicht allein treffen. Ich werde Ihrem Mann das Bewusstsein nehmen. Das geht nur, wenn Sie beide einverstanden sind.«

Herr Sturm sieht seine Frau an und stimmt mit einem Handzeichen zu. »Ja, Herr Doktor, machen Sie das bitte so. Wenn nur diese Atemnot und die Angst aufhören, ich kann und ich will nicht mehr.«

Frau Sturm denkt eine Weile nach. Dann sagt sie: »Thorsten, ich will nicht, dass du leidest. Wenn es keine andere Möglichkeit gibt, dann bin ich einverstanden.«

Der Arzt informiert mich über das Gespräch und bittet mich, mit Frau Sturm zu reden. In den Tagen bis zu Herrn Sturms Tod bin ich regelmäßig im Zimmer, setze mich zu ihr und wir unterhalten uns. Sie erzählt von seiner Arbeit, von den Kindern und von der ungerechten Erkrankung ihres Mannes. Ich lenke das Gespräch behutsam auf das Thema Trauer. »Wie geht es Ihnen, Frau Sturm? Sie sitzen ja Stunde um Stunde bei Ihrem Mann. Was geht Ihnen so durch den Sinn?«

Frau Sturm überlegt kurz. »Ach, wissen Sie, da geht einem alles durch den Kopf. Wie wir uns kennengelernt haben, wie wir geheiratet haben, wie wir das Haus gebaut haben und dann, wie die Kinder kamen. Einfach alles.«

»Was berührt Sie denn da am meisten?«, frage ich.

»Ach, wir hatten eine gute Ehe, wir haben uns an den Kindern gefreut, das Leben war gut zu uns. Eigentlich bin dankbar für diese Zeit, das Leben ist doch so schön.«

»Und wie ist das jetzt, in dieser schweren Zeit?«

»Nicht mal so viel anders. Ich bin immer noch dankbar und auf gewisse Weise glücklich. Was sich jetzt verändert hat, ist, dass ich gleichzeitig unendlich traurig bin. Anfangs, vor zwei Wochen oder so, da war ich enorm wütend auf alles: das Leben, das Schicksal, auf die Ärzte. Das ist jetzt vorbei. Jetzt bin ich vor allem traurig.« Frau Sturm schluckt, ich sehe, wie ihr die Tränen kommen.

»Es passt zu Ihrer Lage, dass Sie traurig sind«, sage ich verständnisvoll. »Sie sind dabei, Ihren Mann zu verlieren. Sie sitzen an seinem Bett und betrauern ihn bereits, auch wenn er noch da ist.« Mir kommt eine Idee. »Frau Sturm, ich möchte Ihnen einen Vorschlag machen. Hören Sie ihn sich einfach an und dann sehen wir weiter. Wenn Sie jetzt so lange am Bett Ihres sterbenden Mannes sitzen, mit dem Sie gar nicht mehr reden können, dann nutzen Sie doch diese Zeit, sich zu erinnern. So, wie Sie mir das eben erzählt haben, dem Fremden. Erzählen Sie es ihm, mit dem Sie so eine lange Geschichte teilen. Erzählen Sie einfach, was Ihnen in den Sinn kommt. Das muss nicht chronologisch sein. Wichtig ist, dass Sie es im Bewusstsein tun, sich von Ihrem Mann zu verabschieden. Meine Erfahrung sagt mir, dass Ihnen dieses Verabschieden in der Zeit der Trauer, die ja jetzt schon begonnen hat, helfen wird.«

Frau Sturm nickt, sie hat es verstanden. Immer wenn ich danach in das Zimmer komme, frage ich auch danach, wie es ihr mit dieser Idee geht. »Wissen Sie«, sagt sie, »ich habe ihm das alles mit großer Lust erzählt, und ich habe intensiv gespürt, wie alles, was uns miteinander verbunden hat, noch einmal lebendig und spürbar wurde. Es nahm mir ein Stück weit die Trauer. Vielen Dank für diese Idee.«

Von Frau Sturm lernte ich, welche Macht liebende Erinnerungen haben können. Wie gut tat es ihr, ihrem Mann alles, woran sie sich erinnern konnte, zu erzählen.

Ich erinnere mich, dass ich recht früh in der Illinger Rehaklinik erinnernd zu träumen begann. Ich war zu Hause und machte träumend einen Rundgang durch unser großes Haus. Meiner Frau erzählte ich morgens sofort davon. Und dort, wo ich etwas vergessen hatte oder mich falsch erinnerte, korrigierte sie es behutsam. In meinem Erzählen nahm meine eigene Welt eine lebendige Gestalt an, die mir half, mich neu zu orientieren. Immer wieder unterhielten wir uns in der Folge über Erlebtes: Urlaube, Kinder, Arbeit. Und im Erzählen bekam alles eine neue Farbe. Der Nebel des Schreckens lichtete sich.

Herr Hartmann ist Neuropsychologe und nahm mich unter seine Fittiche. Er war ein zugewandter, freundlicher und interessierter Psychologe. Wir begannen mit Gedächtnisübungen. Er las mir eine kurze Geschichte vor mit einigen, nicht mal so vielen Details, ich sollte jeweils wiederholen, was ich behalten hatte. Zu meiner eigenen Bestürzung ging das gar nicht gut, ich behielt nur einige Details, aber die ganze Geschichte blieb mir verschlossen. Es klappte einfach nicht. Im Verlauf der Sitzungen wurde ich zwar besser, war aber in meiner Altersklasse bis zum Ende des Aufenthaltes weiter unterdurchschnittlich. Das trübte immer wieder meine Stimmung, mir wurde auf diese Weise klar, was mir noch alles fehlte.

Immer wieder besprachen wir miteinander meine Situation. Das tat gut, Herr Hartmann fragte klug und einfühlsam nach, er interessierte sich für meine Arbeit als Seelsorger auf der Palliativstation, er ermunterte mich, dranzubleiben und mich weiterzuentwickeln. An einem Tag entdeckten wir unser gemeinsames Interesse am Wandern. Ich erzählte vom Meraner Höhenweg, er von einer Tour durch die Eifel. Diese Gespräche taten gut, sie ermutigten mich auf meinem Weg, irgendwie wurde er mir zum Seelsorger.

Die liebende Erinnerung ist etwas unendlich Schönes und Tröstendes. Anette und ich teilten in vielen Gesprächen Erinnerungen unseres gelebten Lebens mit. So vieles konnten wir dankbar betrachten angesichts unserer heiklen Lage.

Auch bei Patientinnen und Patienten fällt mir diese Kraft immer wieder auf. Menschen erinnern sich, teilen ihre Erinnerungen und lassen so noch einmal das längst Vergangene gegenwärtig sein. Darin steckt eine sehr positive Energie. Dabei werden oft die guten und lebensspendenden Ereignisse ins Bewusstsein gerufen. Nicht, dass die nicht so schönen Seiten verdrängt würden. Nein, das nahende Lebensende filtert sozusagen die Erinnerungen. Und es kommen den Menschen dann offensichtlich in dieser liebevollen Weise die schönen Dinge in den Sinn. Und davon erzählen sie dann dem, der Ohren genau dafür hat. Und das Erinnerte ist nicht einfach Vergangenes. Im Erzählen erhält es eine neue Wirksamkeit für den Erinnernden.

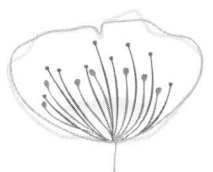

Perspektiven entwickeln

Frau Dietrich ist Ende 60, sie ist verheiratet, hat zwei Kinder und leidet an einem Magenkarzinom, das bereits metastasiert hat, sodass es keine Option für eine Tumortherapie gibt. Ich lerne Frau Dietrich am zweiten Tag ihres Aufenthaltes kennen. Sie hadert mit ihrem Schicksal. »Das Leben ist einfach ungerecht«, sagt sie, »wie soll ich das denn den Kindern und meinem Mann beibringen?«

Wir besprechen die beiden Möglichkeiten, die es gibt: Ihre Situation vor ihren Angehörigen zu verheimlichen oder es ihnen offen zu erzählen. »Nein«, sagt sie gleich zu Beginn, »nichts sagen ist nicht gut, wir haben immer alles offen besprochen in der Familie.«

»Also bleibt die Frage, wie Sie es den anderen sagen.«

»Genau, sie kommen ja alle heute Nachmittag, dann werde ich ihnen einfach sagen, wie es ist.«

»Das ist mutig von Ihnen. Würde es Ihnen helfen, wenn ich zu dem Gespräch dazu käme?«

»Oh ja, das wäre schön.«

So machen wir es dann auch. Frau Dietrich zeigt sich tapfer und stark. Als alle Angehörigen ihrer Familie im Zimmer sind, eröffnet sie das Gespräch: »Ich muss euch etwas sagen. Das ist nicht schön, aber es ist nun mal so. Also, ich bin so krank, dass ich nicht mehr lange zu leben habe. Wie lange, kann der Arzt auch nicht sagen, aber er meinte, die Zeit sei knapp.«

Stille breitet sich im Zimmer aus. Herr Dietrich findet als Erster wieder Worte: »Inge, ich hab so was schon geahnt, dein Zustand hat sich in den letzten Wochen so rasch verschlechtert, dass mir das schon Angst gemacht hat. Jetzt weiß ich, woran das lag.«

Die Töchter beginnen zu weinen. »Mama, das gibt es doch nicht, wir hatten doch noch so große Hoffnung. Was machen wir denn jetzt?« Fragend sehen mich die Töchter an.

»Nun, ich glaube, im Moment geht es darum, die Situation Ihrer Mutter zu stabilisieren, die Schmerzen zu lindern und ihr die Übelkeit zu nehmen. Das wird der Arzt mit Ihnen besprechen.«

In den folgenden Tagen besuche ich Frau Dietrich regelmäßig und habe auch weitere Gespräche mit den Kindern und dem Mann. Irgendwann sprechen wir darüber, wie es weitergehen soll. Was ihre Schmerzen betrifft, ist Frau Dietrich medikamentös gut eingestellt und auch die Übelkeit hat sich gelegt.

Eine der Töchter berichtet mir: »Die Versorgung zu Hause, die schaffen wir einfach nicht, das geht über unsere Kräfte. Wir haben schon hin und her überlegt. Aber meine Schwester und ich sind in unserer Arbeit gebunden, da kommen wir nicht los, und damit wären unsere Eltern viele Stunden allein. Das geht nicht.«

Ich biete an, den Sozialdienst des Hauses zu bitten, dazuzukommen. So geschieht es. Der Sozialdienst schildert den Angehörigen die verschiedenen Optionen: »Sie haben mehrere Möglichkeiten. Wenn Sie unbedingt nach Hause wollen, dann können wir das Team der spezialisierten ambulanten Palliativversorgung einschalten.«

»Was ist das denn?«, fragt Herr Dietrich.

»Das ist ein Team aus Ärzten und Pflegenden, die kranke Menschen und ihre Familien zu Hause besuchen. Das Ziel ist, die Lage zu Hause zu stabilisieren. Eine Pflegekraft käme täglich zu Ihnen und es gibt sogar eine Rufbereitschaft rund um die Uhr.«

»Und was gibt es sonst noch? «

»Sie hätten die Möglichkeit, in ein stationäres Hospiz zu gehen. Dort könnten Sie bis zuletzt leben.«

Herr und Frau Dietrich überlegen. »Müssen wir das jetzt entscheiden?«

»Nein, das sollten Sie auch jetzt nicht tun. Überlegen Sie miteinander, was für Sie passend wäre.«

Am Ende steht die Entscheidung, ins Hospiz zu gehen. Dort wird Frau Dietrich angemeldet. Bis zum Entlassungstag führe ich meine Besuche fort. Das große Thema ist das traurige Abschiednehmen. Die Kinder und der Mann schauen noch mal voller Wehmut auf das gemeinsame Leben. »Was haben wir alles verwirklichen dürfen, dafür sind wir alle sehr dankbar.«

Auch manche Anekdote bekomme ich zu hören. Die Kinder erzählen schmunzelnd: »Sie müssten mal unser Wohnzimmer sehen. Wissen Sie, unsere Mutter hat den Spleen, Stoffpuppen zu sammeln. Aber sie hat nicht nur fünf oder zehn davon. Nein, im Laufe der Jahre sind es zig geworden. Alle zusammen passen auch gar nicht ins Wohnzimmer, manchmal kann man kaum auf den Sofas sitzen, weil der Platz von den Puppen belagert ist. Das müssten Sie mal sehen, Sie würden schreien vor Lachen. Die anderen Puppen ruhen in irgendwelchen Kleiderschränken, wo sie Hosen, T-Shirts und Pullover umrahmen. Das ist echt lustig.«

Nach vier Tagen kommt die Bestätigung aus dem Hospiz. Mir wird der Auftrag erteilt, es der Familie zu verkünden. Ich gehe ins Zimmer und berichte Frau und Herrn Dietrich: »Eben kam der Anruf vom Hospiz, morgen können Sie dorthin.«

Keiner wirkt überrascht oder betroffen. »Gut«, sagt Frau Dietrich, »dann gehen wir diesen Schritt.«

»Wie geht es Ihnen denn damit? Sie haben ja einige Zeit gebraucht, um in diesen Schritt einzuwilligen.«

»Mir geht es gut damit. Wissen Sie, ich habe ja nun viel Zeit gehabt zum Nachdenken. Und nachdem ich vor einigen Tagen eingesehen habe, was da gerade passiert, merke ich, wie mein Leben noch einmal an mir vorbeizieht. Ich habe nicht alles richtig gemacht, klar. Aber im Großen und Ganzen habe ich doch ein schönes und reiches Leben gehabt, gell, mein Schatz?«

»Ja, das hast du«, antwortet Herr Dietrich und drückt die Hand seiner Frau. »Das sehe ich auch so.«

»Wissen Sie«, sagt Frau Dietrich schwungvoll, »ich gehe morgen mit Elan in das Hospiz.«

Das ist ein Satz. Ich habe viele Menschen erlebt, die ins Hospiz gingen. Oft ein wenig enttäuscht, viele natürlich mit einer gewissen Einsicht. Aber dass jemand mit Elan dorthin zieht, das höre ich zum ersten Mal. »Frau Dietrich, ich bewundere Sie. Was Sie für einen Prozess durchlaufen haben, das ringt mir großen Respekt ab.«

Frau Dietrich wird an einem Donnerstag verlegt. Zwei Wochen hat sie dort noch gelebt, bevor sie verstarb.

Herr und Frau Dietrich verdeutlichen, was passieren kann, wenn ein kranker Mensch von sich aus die Initiative ergreift und seine eigene Wirklichkeit anschaut. Beide schauen mutig nach vorne und suchen nach Perspektiven. Wie kann es weitergehen? Wo ist eine gute Versorgung gesichert? Beide erkennen: Auch mit der besten Unterstützung wird es zu Hause nicht gelingen. Und das stationäre Hospiz? Viele Menschen, die ich kennengelernt habe, scheuten vor diesem Schritt zurück. »Das ist doch ein Haus zum Sterben«, höre ich dann. Anders Frau und Herr Dietrich. Für sie ist das Hospiz ein Ort, an dem sie sich Leben vorstellen können. Wer schon einmal ein stationäres Hospiz besucht hat, der wird erfahren haben: Hier wird gelebt bis zuletzt. Wenn das nicht eine schöne Perspektive ist. Bei Familie Dietrich war es darüber hinaus so, dass durch das erinnernde Erzählen die ganze Familie in diesen heilsamen Prozess mit hineingenommen wurde. Und, wie erstaunlich: Auf einmal gab es Platz fürs Schmunzeln.

In Illingen begann ich über Hoffnung nachzudenken. Neben meinen Tagebucheinträgen schrieb ich einen Text über meine Hoffnung auf.

Innerhalb von wenigen Tagen hatte ich zehn Kapitel über das Thema Hoffnung zu Papier gebracht. Diese Gedanken wurden für mich so etwas wie eine Brücke zwischen meinem alten Leben als Seelsorger, gebaut auf den Pfeilern meiner eigenen Krise und ihrer Bewältigung, hin zu meinem neuen Leben in meinem alten Beruf. Die Hoffnung verbindet Altes und Neues, Vergangenheit, Gegenwart und Zukunft – sie schafft Ewigkeit. Es war wichtig für meinen Genesungsprozess, mit der eigenen Krankheit auch eine neue Perspektive auf das Leben einzunehmen.

Eigentlich kenne ich mich als traumlosen Schläfer. Selten erinnere ich mich an irgendeinen Traum aus der Nacht. Allerdings begann nun tatsächlich eine Serie von Träumen, in denen ich mich auf der Arbeit wiederfand. In einem der ersten war ich mit alten Kollegen auf meiner ersten Palliativstation in Völklingen. Wir saßen zusammen und besprachen Patienten. Immer wieder gab es solche »Arbeitsträume«. Ich berichtete Anette und meinem Arzt davon. Der ermunterte mich: »Herr Aurnhammer, Sie sind auf einem guten Weg, Ihr Hirn scheint sich wirklich zu regenerieren, wenn es Sie jetzt schon auf die Arbeit schickt. Ich stelle mal vorsichtig die Prognose, dass Sie wieder arbeitsfähig werden. Die Raumwahrnehmung brauchen Sie bei Ihrer Arbeit ja nicht so sehr, schließlich sind Sie ja kein Schreiner oder Feinmechaniker, da wäre das schon schwieriger. Aber die Fähigkeiten, die Sie für Ihre Arbeit als Seelsorger brauche, die werden wiederkommen, sie sind ja zum Teil schon wieder vorhanden.«

Solch ein Satz ging runter wie Öl. Mein hoffendes Herz machte kleine Freudensprünge. Meine Träume wiesen mir den Weg. Nicht die Frührente war angesagt. Nein, irgendetwas in mir wollte wieder arbeiten gehen.

Fast ein halbes Jahr war ich nun in drei Kliniken unterwegs. Eine Zeit neigte sich tatsächlich dem Ende. Mein Arzt kam zu mir: »Herr Aurnhammer, was meinen Sie? Nächste Woche sind wieder zwei Wochen vorbei. Sie sind ziemlich gut geworden. Ihnen tut der Aufenthalt sichtlich gut, das merken Sie ja selbst. Ich könnte Ihnen noch einmal zwei Wochen geben. Aber nur, wenn Sie das wollen.«

»Herr Metner, ich habe mir auch schon Gedanken darüber gemacht. Ich glaube, ich verlasse dieses Etablissement – nachdem ich nun schon ständig von meiner Arbeit träume.«

»Das finde ich klasse«, strahlte Herr Metner. »Ich sag es in der Therapeutenrunde. Nächste Woche sind Sie draußen. Dann beginnt eine neue Zeit für Sie.«

So wurde ich Ende Oktober entlassen und natürlich postwendend krankgeschrieben. Vom Arbeiten träumen ist ja das eine, es dann aber auch zu können, ist das andere.

Anette hatte mich schon frühzeitig bei einer ergotherapeutischen Praxis in Saarlouis angemeldet. Die erklärten sich ohne Zögern bereit, diesen interessanten »Fall« aufzunehmen. Kaum eine Woche nach meiner Entlassung saß ich mit Anette also bei einem Erstgespräch. Frau Groß wollte natürlich meine Raumwahrnehmung weiter trainieren, aber auch Logik und Rechnen standen auf dem Plan. Am PC arbeiteten wir mit einem älteren Programm. So sah ich auf dem Bildschirm verschiedenste Symbole in mehreren Zeilen. Oben rechts war das zu suchende Symbol und ich musste mit der Maus alle gleichen Symbole anklicken. Das klappte gut und machte Spaß.

Schwieriger war die Labyrinth-Übung. Hier sollte ich den Ausgang finden, was meinem Hirn sichtlich schwerfiel. Ich landete oft in Sackgassen.

»Gehen Sie mal vom Ausgang mit den Augen so Richtung Mitte. Sie merken sich dann einen bestimmten Punkt. Und dann starten Sie mit den Augen beim Anfang und versuchen, den gemerkten Punkt wiederzufinden.«

Hoppla, ein guter Tipp. So lernte ich in der Zeit, ziemlich komplexe Labyrinthe zu entschlüsseln.

Eines Tages kramte meine Therapeutin Frau Groß eine riesige Kiste mit Bauklötzchen aus Holz hervor. Große Teile, in verschieden Farben und Formen: Würfel, Kreuze, breite, schmale oder längliche Teile, alles Mögliche. Dann der Auftrag: Ich durfte Türmchen bauen. Aber streng nach Vorlage. Frau Groß begann mit drei Teilen. Sie zückte ein bedrucktes Kärtchen. Dort sah ich also zweidimensional, was ich bauen sollte. Meine Aufgabe bestand nun darin, das Gesehene dreidimensional zu bauen. Das reizte mich. Das mit den drei Klötzchen war aber nur der taktisch-therapeutische Anfang. Anschließend wurde es echt komplex.

Der Fundus an Aufgaben schien unerschöpflich. Und so schaffte ich mich echt hoch. Acht, neun, ja zehn Einzelteile waren zusammenzubauen. Das machte wirklich Spaß. Ich erinnerte mich an die goldenen Lego-Zeiten mit den Kindern. Wie oft haben wir die verschiedenen Aufgaben gemacht? Ich habe es nicht gezählt. Ich bin Ende Oktober entlassen worden und genoss die Ergotherapie bis zum

Juli des folgenden Jahres. Ich kann sagen, dass es eine erfolgreiche Therapie für mich war. Die Übungen, die Frau Groß auswählte, passten alle zu den Lücken, die es zu schließen galt. Auch hier war das Prinzip des Übens erfolgreich.

Ergotherapie war aber nicht das einzige anschiebende Moment. Nach einer längeren Wartezeit bekam ich einen Termin in der neuropsychologischen Praxis in Saarbrücken mit dem Anspruch auf 60 Therapieeinheiten von 60 bis 90 Minuten. Ich lernte für einige Monate Herrn Jost kennen. Und so ging es dann auch hier los mit Übungen zur Raumwahrnehmung, aber auch an die Förderung meines logischen Denkens; Arbeiten am Computer und Übungen am Tisch wechselten sich munter ab.

Irgendwann begannen Übungen zur Logik. Das waren tolle, herausfordernde Aufgaben. Eine Übung mit anschließenden Tipps für die Praxis wurden mir zum Schlüssel für den gelungenen Wiedereinstieg in den Beruf. Ich erhielt dazu ein Blatt mit Fließtext kombiniert mit einer Aufgabe. Ich las von einem Angestellten eines Schlosses. Dieser hatte verschiedene Aufgaben an diesem Tag zu erfüllen. Mein Job bestand darin, einen stimmigen Tagesplan für diesen Mann zu machen. Das war nicht so leicht, denn die Aufgaben waren nicht chronologisch angeordnet. Das wäre ja ein Kinderspiel gewesen. Aber das hier war echte Therapie. Da stand dann, dass der Mann zwischen 10 und 12 Uhr den Bücherschrank sortieren sollte, vor 9 Uhr musste er am Flughafen anrufen, im Laufe des Vormittags eine Stunde mit der Köchin den Plan für die nächste Woche besprechen; nachmittags war der Rasen dran. Mittagspause machte er eine Stunde im Dorf, wohin er mit dem Rad zehn Minuten brauchte. Nach der Mittagspause, aber vor dem Rasenmähen musste die Post sortiert werden. Zu jeder Aufgabe stand die genaue Zeitdauer. Als ich die erste Aufgabe bekam, las ich dreimal aufmerksam, ich betone, aufmerksam, den Text. Dann fing ich tapfer mit dem Plan an. Glücklicherweise hatte ich einen Radiergummi. Den brauchte ich oft und viel, weil mir ständig irgendetwas in die Quere kam, das ich nicht beachtet hatte. Ich bekam immer 15 bis 20 Minuten Zeit, je nach Komplexität der Aufgabe, dann besprachen wir das Ergebnis.

»Herr Aurnhammer«, sagte Herr Jost, »gell, das ist schwere Kost für Ihr Hirn?«

»Stimmt«, antwortete ich wahrheitsgemäß.

»Ich verrate Ihnen ein Geheimnis«, begann Herr Jost. »Hilfreich ist es, wenn Sie solche komplexen Aufgaben in kleine Schnipsel teilen. Lesen Sie die Aufgabe erst durch und zerschneiden Sie dann das Blatt in die einzelnen Schritte. Dann können Sie die einzelnen Streifen hin und her schieben, bis es passt.«

Es war wie bei den anderen Dingen auch: Der Start war bei nahezu jeder Aufgabe holprig, aber ich wurde besser. Das merkte ich mir für die Arbeit: Komplexe Aufgaben in die Einzelteile zerlegen und dann in die richtige Reihenfolge bringen.

»Herr Aurnhammer, noch ein Tipp: Machen Sie To-do-Listen, wenn Sie etwas planen. Dann vergessen Sie weniger und die Arbeit wird übersichtlich.«

Der Mann sollte Recht behalten. Großes kleinteilig zu machen und Listen zu erstellen, sind wunderbare Arbeitshilfen für meinen neuen alten Arbeitsalltag. Ich bin bis heute diesem Therapeuten dankbar für diese Anstöße.

In einem anderen Raum testete Herr Jost mein Sehfeld. Er wusste, dass ich einen Neglect nach links hatte, also war seine Vermutung, dass ich Dinge links vernachlässigen würde. So war dann auch das Ergebnis. Es gab links in meinem Sehfeld sozusagen weiße Flecken. Unvergessen ist für mich der Tag, an dem der Arzt das Autofahren ansprach. Ich war ja fleißig in der Welt unterwegs, aber ein Damoklesschwert schwebte über mir. Meine Therapeuten in Illingen hatten mir vom Fahren abgeraten. Was, wenn ich einen Unfall baute und der Unfallgegner bekäme Wind von meinem Hirnschaden? Das wäre fatal.

»Herr Aurnhammer, ich arbeite immer wieder mit einem Fahrlehrer zusammen, der meinen Patienten anbietet, eine Fahrprobe von 45 Minuten zu machen, wäre das was?«, bot mir mein Neuropsychologe an.

Wir verabredeten einen Termin. Und los ging es. Klaus am Steuer, der Fahrlehrer daneben, hinten Herr Jost. Runter in die wuselige Stadt. Einige Kreisel, mal nach links, mal nach rechts abbiegen. Dann auf die Autobahn, wieder runter, am Theater vorbei, einige Ampeln mit Fußgängern und Fahrrädern beachten und zurück zur Praxis.

»Das war nicht schlecht«, fasste der Fahrlehrer am Ende zusammen. »So viel kann ich Ihnen jetzt schon sagen. Ich schreibe in den nächsten Tagen einen Bericht und schicke Ihnen den per Mail zu, einverstanden?«

»Danke«, sagte ich. »Eine Bitte habe ich noch: Ich merke, dass ich beim Rückwärtseinparken sehr unsicher bin. Können wir das hier auf der Straße mal üben?«

»Sicher, versuchen Sie es mal.«

Ich probierte einige Male, aber meine Raumkoordination ließ kein präzises Einparken zu. Entweder drehte ich das Steuer zu viel oder zu wenig. Ich muss enttäuscht ausgesehen haben. »Keine Sorge, Herr Aurnhammer«, ermutigte mich der Fahrlehrer. »Sie glauben gar nicht, wie viele Menschen nicht gut rückwärts einparken können. Das ist nicht schlimm!«

Einige Tage später, ich war mit Anette und Lukas in Wiesbaden unterwegs, kündigte mein Handy brummend eine E-Mail an. Ich sah, der Bericht des Fahrlehrers war da. Zitternd öffnete ich das PDF-Dokument. Das, was ich da las, ließ 100 Steine von der meiner Seele purzeln: »Herr Aurnhammer ist ein umsichtiger Fahrer, der alle Anweisungen gut und gewissenhaft erfüllte. An keiner Stelle war eine Unsicherheit zu erkennen. Man merkt Herrn Aurnhammer die jahrzehntelange Fahrpraxis an.« Das war ein Satz, den ich mehrmals las, und zwar mit einem großen Glücksgefühl. Ein Teil meiner Rehabilitation war damit erfolgreich abgeschlossen. Seitdem fahre ich befreit im Saarland herum, nach Bonn, nach Stuttgart oder nach Meran.

Der Weg geht weiter. In jeder Woche fragte Herr Jost mich, wie es mir denn ginge. Im Februar, kurz nach meinem Wiedereinstieg in den Beruf, wollte er wissen: »Und, Herr Aurnhammer, wie waren Ihre ersten Gehversuche bei der Arbeit?«

Ich erzählte ihm von meinen ersten tastenden Versuchen, wieder in die Arbeit hineinzufinden. Ich hatte mit der Unterstützung meines Hausarztes einen ehrgeizigen Plan entwickelt. Anfang Mai war ich vom Rad geglitten, Anfang Mai des Folgejahres wollte ich wieder mit voller Stelle arbeiten. Das bedeutete: Ab 1. Februar würde ich sechs

Wochen lang vier Stunden arbeiten, dann sechs Wochen lang sechs Stunden, dann begann der Mai in Vollzeit. Ich wählte zum Start meiner Arbeit die mittägliche Übergabe um 13 Uhr. Also Übergabe, dann Patienten besuchen, E-Mails checken, Telefonieren, um 17 Uhr konnte ich gehen. Ich wurde herzlich begrüßt von den Kolleginnen und Kollegen. Ich sah, dass alle ein Blatt zückten. Manche hatten einen Block dabei. Also bat ich ebenfalls um ein Blatt, um mitschreiben zu können. Nach der Übergabe sagte eine Kollegin zu mir: »Klaus, warum hast du ein Blatt zum Schreiben verlangt? Du hast doch dein eigenes Blatt zum Aufschreiben, das du immer nutzt.« Da erst fiel es mir ein. Ich hatte vor vielen Jahren ein pfiffiges Blatt am PC entwickelt, in dem ich prozessorientiert für jeden Patienten auf einem eigenen Blatt wichtige Dinge festhalten konnte. Also war mein erster Gang zu meinem PC. Irgendwo musste doch dieses Blatt sein, aber wie hieß es wohl: »Stammblatt«?, »Assessment«? Ich suchte eine Weile, dann fand ich es: »Klaus Doku« hieß die Datei. Ich suchte es raus und fühlte mich gleich besser gerüstet. Darauf muss man erst mal kommen. Immerhin. Der erste Tag war geschafft. Ich war zwar ein wenig glücklich, dass mir erste Kontakte zu kranken Menschen gelangen, doch auch hier merkte ich gleich an Tag eins, dass mir doch noch einiges fehlte. Es war halt nur der Anfang.

Nach zwei Wochen kam die Stationsleitung auf mich zu. »Klaus, kann ich dich mal sprechen?«

»Klar, was gibt es denn?«

»Weißt du, ich habe jetzt zwei Wochen abgewartet und dich beobachtet. Du bist offensichtlich aufmerksam und scheinst alles gut zu verstehen. Aber weißt du, du hast in unserem Team doch immer eine besondere Rolle gehabt. Du warst immer der, der Dinge, die uns so selbstverständlich schienen, kraftvoll hinterfragte. In welche Richtung laufen wir, müssen wir vielleicht unser Therapieziel ändern? Das habe ich die letzten Tage vermisst. Und ich wollte dir das gerne möglichst früh sagen, verstehst du?«

Das verstand ich auf Anhieb. Und ich ließ mir das auch nicht zweimal sagen. Ich glaube, dass ich meist diese Rolle wieder einnehme. Ich dankte der Stationsleitung insgeheim für ihren Mut, das so offen mit mir anzusprechen. Ich kann mir durchaus vorstellen, dass es ihr nicht leichtfiel.

Die ersten Schritte waren also mühsam. Ein Jahr war ich »draußen« gewesen, vieles war in meinem Hirn verschüttet. Ich musste es mir Schritt für Schritt zurückholen. Das kostete Kraft. Aber mit jedem dieser kleinen Schritte merkte ich: Das ist meine alte und neue Arbeit, die ich so liebe und schätze. Und Schritt für Schritt wurde meine eigene Perspektive weiter, bunter und lebendiger. Ich begann, meine Zukunft neu zu gestalten. Gewonnenes Leben.

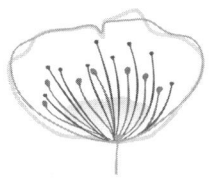

Die Kraft des Humors

Man glaubt es kaum, aber auch auf einer Palliativstation hat Humor einen festen Platz. Humor findet sich in zahlreichen Facetten: Ironie, Schmunzeln, leises, aber auch lautes Lachen. Die ganze Bandbreite gibt es hier zu entdecken.

Hier einige Episoden:

1. Frau Schüssler ist 75 Jahre alt. Sie leidet nicht nur an ihrem Tumor. Sie ist auch einigermaßen dement. Eines Tages kramt sie versehentlich in den Sachen ihrer Mitpatientin herum und findet dort deren Personalausweis. Sie wendet sich der anwesenden Schwester zu, lacht laut und sagt: »Ich hab mich doch ganz schön verändert.«
2. Schwester Martina versorgt Herrn Krieger, einen Patienten mit einem Lebertumor. Eines Abends wünscht sie ihm eine gute Nacht. Darauf antwortet der Patient: »Gute Nacht, ihr lieben Sorgen, leckt mich am Arsch bis morgen.«
3. Herr Meister liegt seit einigen Tagen auf der Palliativstation. Er ist 69 Jahre alt und hat einen Lungentumor. Seine Frau ist um ihn besorgt und ist von früh bis spät da. Bei einem meiner Besuche entdecke ich eine Schale mit

lecker aussehenden Himbeeren, die die Frau mitgebracht hat. »Mensch, Herr Meister, die Beeren sehen aber lecker aus, die hat sicher Ihre Frau mitgebracht.« Herr Meister kommentiert nur trocken: »Krebs mag keine Himbeeren.«

Humor hat wie gesagt viele Facetten, er kann laut sein, alle lachen laut, er kann auch leise sein, sodass man schmunzelt. Bei Herrn Meister lernten wir die trockene Art von Humor kennen. Manchmal ist Humor sogar derb.

Da gab es eine Familie, in der die Frau tumorerkrankt war. Ihr war eine Brust entfernt worden. Jahre später musste ihr wegen eines anderen Tumors der rechte Arm abgenommen werden. Zeitgleich lag die Mutter der Patientin nach einem Schlaganfall im Altenheim. Wegen Gefäßschäden am Bein war der Oberschenkel amputiert worden. In der Familie kursierte einige Zeit ein Rätselwitz: »Was ist das? Sitzen drei Beine, drei Brüste und drei Arme in der Badewanne? Antwort: Oma und Mutter beim Baden.«

Derb in der Tat. Und sicher nicht jedermanns Geschmack. Aber der Witz illustriert die Kraft, die der Humor nun mal hat.

Wie auch immer der Humor gestrickt ist. Humor hilft in allen Lebenslagen. Und interessanterweise hilft er gerade dann, wenn man denkt: »Da hilft jetzt nichts mehr.« Viktor Frankl, der Begründer der Logotherapie, formulierte es so: »Humor ist die Trotzkraft des Geistes.« Mit Humor stemmen wir Menschen uns gegen das Schwere im

Leben. Aber wie bekommt man das hin, humorvoll zu bleiben in einer Lebenskrise? Mir half die Erkenntnis, dass Humor zum einen eine Begabung des Menschen umschreibt, zum anderen aber eine Fähigkeit meint, die ich im Laufe meines Lebens entwickeln kann. Von mir kann ich sagen, dass ich gesegnet bin mit Gabe und Fähigkeit, viel zu lachen – Eltern und Großeltern sei Dank. Wenn ich mit anderen zusammen bin, wird einfach viel gelacht.

Zur erlernbaren Fähigkeit gehört, das Leben, aber vor allem sich selbst, nicht immer so ernst zu nehmen. Eine gewisse Lockerheit tut gut. Ich musste lernen, auch über mich und meine Missgeschicke zumindest schmunzeln zu können. Missgeschicke erlebte ich in der Zeit meines Krankseins sehr viele. Nicht über alle konnte ich lachen. Über vieles musste ich tatsächlich aber immer wieder kopfschüttelnd schmunzeln: »Mensch, Klaus, so stellst du dich gerade an? Bleib locker.« Und mit Anette habe ich wirklich oft schallend gelacht, jedenfalls gegen Ende des Klinikaufenthaltes.

Auch bei meiner Expertin für Hirnleistungstraining, Frau Claus, gab es was zum Schmunzeln: Da gab es diese Übung, die ich immer gegen Ende jeder Sitzung machen durfte. Frau Claus zauberte einen Igelball auf den Tisch und sagte: »So, Herr Aurnhammer, jetzt aufgepasst. Wir suchen Obst- und Gemüsesorten. Ich fange an und schiebe Ihnen den Ball mit links zu, Sie sagen eine Obst- oder Gemüseart mit ›A‹ und spielen mir den Ball mit rechts zurück. Dann bin ich dran mit ›B‹ und links, dann wieder Sie mit rechts und ›C‹. So hangeln wir uns durchs Alphabet, verstanden?«

Verstanden. Diese Übung machte uns beiden Spaß, sprachgewandt war ich ja. Nach dem Gemüse kamen Tiere dran oder Sträucher und

Bäume. Mein Hirn spielte mir aber immer wieder einen Streich bei links und rechts. Das verwechselte ich immer wieder. Ein Schelm, der Böses denkt.

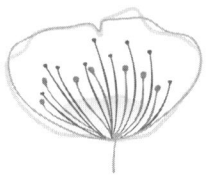

Glaube kann tragen

Frau Ernst ist Anfang 70. Sie hatte vor vielen Jahren ein Mammakarzinom, das damals erfolgreich operiert wurde. Sie galt als geheilt. Jetzt, Jahre später, treten Knochenmetastasen auf, zunächst im Schulterblatt, zuletzt war der Beckenring zerbrochen, sodass die Chirurgen das Becken mit einer Verschraubung stabilisieren mussten.

Im Gespräch erzählt Frau Ernst offen und direkt von ihrer Geschichte. Schnell verbindet sie sie mit der Geschichte ihrer Familie. »Wissen Sie, in meiner Familie haben eigentlich alle früher oder später Krebs bekommen. Und da fragt man sich schon, was wir denn verbrochen haben, dass wir mit dieser Krankheit so geschlagen sind. Da verliert man doch irgendwann seinen Glauben an Gott, oder nicht? Ich habe mittlerweile so meine Zweifel, dass es ihn überhaupt gibt, das sage ich Ihnen.«

Ich höre zu und kommentiere nicht. Wir unterbrechen unser Gespräch, weil Frau Ernst zur Bestrahlung gebracht wird. Nachmittags besuche ich sie ein zweites Mal. Sie schlägt ein ganz anderes Kapitel auf, als ich sie frage, welche Interessen sie im Leben so entwickelt hätte.

»Ich war eine leidenschaftliche Chorsängerin, erst in einem Kirchenchor, und dann habe ich später, als ich mehr Zeit hatte, auch noch in einem Madrigalchor mitgesungen. Das waren tolle Zeiten. Was haben wir für schöne und erhebende Gottesdienste und Konzerte gemacht.« Ihre Augen leuchten. Ihr Erzählen wird immer lebendiger. »Wissen Sie, als vor 30 Jahren Schwester Blandine seliggesprochen wurde, da sind wir mit zwei Bussen nach Rom gefahren, um die Feier mitzugestalten. Das war toll, wir hatten sogar eine Privataudienz beim Papst.« Das Gesicht von Frau Ernst strahlt weiter.

»Frau Ernst, Sie haben mir heute Morgen erzählt, wie sehr Sie mit Gott hadern, jetzt sitzen Sie hier strahlend und erzählen mir von Ihrem Gesang und der schönen Feier in Rom. Wie passt das zusammen?«

Frau Ernst schweigt eine Weile, als müsse sie gründlich darüber nachdenken. Dann sagt sie: »Ja, eigentlich war mir der Glaube immer wichtig. Und der hat mich auch hochgehalten, als in meiner Familie einer nach dem anderen an Krebs erkrankte. Viel gebetet habe ich immer. Aber jetzt, wo ich selbst krank bin, scheint das alles zu zerbröseln.«

»So wie Ihr Becken?«, frage ich.

»Genau so.«

»Frau Ernst, können Sie sich vorstellen, dass Ihr Glaube noch mal an Kraft und Stärke gewinnen könnte, so wie die Bestrahlung das doch offensichtlich auch mit Ihren Knochen schafft?«

Wieder schweigt Frau Ernst eine Weile. Dann sagt sie: »Das wäre schön, eigentlich war ich immer froh um meinen Glauben, er gab mir Kraft, alles zu tragen, was zu tragen war. Ich glaube, ich muss noch mal mit ihm sprechen, aber nicht so hadernd wie bisher.« Sie schweigt kurz. Dann lächelt sie mich an: »Vielen Dank für den Vergleich zwischen bröselnden Knochen und der Strahlentherapie, die ja wirklich wirkt, und meinem Glauben, der mal so fest war.«

»Frau Ernst, wenn Sie mögen, dann werde ich für Sie beten, dass Sie Stärke erfahren.«

»Oh ja, das wäre schön«, sagt sie noch, bevor ich mich verabschiede. In den nächsten Tagen erkundige ich immer wieder nach dem Fortschritt in der Therapie, frage sie aber auch, wie es im Moment mit ihrem Glauben steht. Sie erzählt: »Ich möchte Ihnen danken für unseren Austausch. Irgendwie sind mir die Augen aufgegangen, als Sie anfingen, meinen Glauben zu hinterfragen. Ich habe wieder angefangen zu beten.«

Frau Ernst lehrte mich, auf die Kraft des Glaubens zu setzen. Wir sind nicht allein gestellt in unserem Schicksal. Es gibt da eine Kraft, die wir »Gott« nennen oder auch anders, die aber wirksam ist bei der Bewältigung von sogenannten Schicksalsschlägen.

Wie bei Frau Ernst war auch bei mir in der Zeit der Krankheit der Glaube nicht einfach da und bombenfest. Es ging rauf und runter. Nachdem mir Anette mein Meditationskissen nach Illingen gebracht hatte, überließ ich mich mehrfach am Tag der Stille. Anfangs brauchte ich noch ein Gebetswort, aber nach und nach war es einfach der Atem, der von selbst kam und von selbst ging. Nichts als Stille. Und in dieser Stille wuchs die Kraft, weiterzuleben, dort entstanden die

Gedanken über die Hoffnung, die ich dann später zu Papier brachte. Meine eigene Erfahrung hat mich bestärkt, dass in der Tiefe der Stille, jenseits von Worten oder Gedanken, in jedem von uns so eine große Lebenskraft zu finden ist, die unser Leben nach vorne ausrichtet und uns aus dem »Jetzt« in die Zukunft geleiten kann. Vielleicht muss unser Glaube in schweren Zeiten aber auch herausgefordert sein, um sich als hilfreich zu erweisen. Ich kann jedenfalls sagen, dass mich der Glaube, dass ich nicht zugrunde gehen werde, sondern dass Gott noch etwas mit mir vorhat, am Leben gehalten und mir einen Weg zurück ins Leben gewiesen hat.

Frau Ebert ist Mitte 70, sie liegt mit einem metastasierten Brustkrebs und Schmerzen auf der Palliativstation. In den ersten Tagen liegt der Fokus auf der Schmerztherapie. Glücklicherweise schlägt die Therapie gut an, sodass wir uns unterhalten können. Frau Ebert ist erstaunlich offen, sie erzählt von ihrer Krankengeschichte, die vor vier Jahren mit einer ersten Operation begann. Nach zwei Jahren folgte eine weitere Operation, dazu kam eine Bestrahlung von Knochenmetastasen. Schnell aber wechselt Frau Ebert das Thema und kommt auf ihre Lebensgeschichte zu sprechen. »Ach, Herr Aurnhammer, meine Kindheit war alles andere als leicht. Meine Mutter starb früh, da war ich gerade sechs Jahre alt. Mein Vater hat dann noch einmal geheiratet, doch meine Stiefmutter ging sprichwörtlich stiefmütterlich mit mir um. Ich glaube, dass diese Kindheit dazu geführt hat, dass ich nie eine glückliche Partnerschaft entwickeln konnte. Zwei Ehen habe ich abgeschlossen, aber immer nach einigen Jahren zerbrachen diese Beziehungen.«

Ich frage Frau Ebert: »Was hat Ihnen in diesen vielen schwierigen Zeiten denn Halt gegeben?«

»Das war mein Glaube«, antwortet sie spontan. »In der Welt konnte ich mich irgendwie nicht verankern, aber der Glaube an einen liebenden Gott, der hat mich aufrecht gehalten.«

»Wie ist es denn jetzt mit Ihrem Glauben, wo Sie merken, dass die Lebenskraft nachlässt und die Krankheit fortschreitet?«

»Ich halte weiter an Gott fest, ich glaube, dass er auch jetzt da ist. Vor allem aber glaube ich, dass er mich auffängt, wenn ich sterben muss.«

»Macht Ihnen der Tod keine Angst?«, frage ich.

»Nein, der Tod macht mir überhaupt keine Angst. Ich fürchte mich bloß vor dem Sterben. Da muss ich dann ja loslassen, und ob mir das gelingt, weiß ich nicht so recht.«

»Frau Ebert, ich kenne Sie ja jetzt schon ein paar Tage und Sie berichten von Ihrem vertrauensvollen Verhältnis zu Gott. Ich bin zuversichtlich, dass diese Beziehung Ihnen hilft, diesen letzten Schritt auch noch zu gehen.«

Frau Ebert nickt zustimmend. »Ja, das stimmt, ich spüre, wie der Glaube mich trägt und wie er mir Hoffnung gibt.«

Ich greife dieses wichtige Wort auf: » Hoffnung. Mögen Sie mir erzählen, was Ihre Hoffnung im Blick auf ein Jenseits ist?«

Frau Ebert überlegt. »Ich glaube, dass Gott mich mit offenen Armen empfangen wird. Ich habe nie an einen strafenden Gott geglaubt. Gott ist die pure Liebe, und genau da gehe ich hin.«

»Ihre Augen strahlen, wenn Sie mir das sagen, das berührt auch mich, das macht auch mir Hoffnung.«

»Wirklich?«, fragt Frau Ebert.

»Ja, wirklich. Ich finde es bestärkend und ermunternd für mich, wenn Sie von Ihrem Glauben und Ihrer Hoffnung erzählen.«

Mir fällt eine Passage aus dem 1. Korintherbrief ein. Paulus schreibt dort das Hohelied der Liebe. Ich hole die Bibel und lese einige Zeilen vor: »Wenn ich in den Sprachen der Menschen und Engel redete, hätte aber die Liebe nicht, wäre ich ein dröhnendes Erz und eine lärmende Pauke.« Weiter heißt es: »Die Liebe ist langmütig, die Liebe ist gütig. Für jetzt bleiben Glaube, Liebe und Hoffnung; doch am größten unter ihnen ist die Liebe.«

Ich bleibe still sitzen. Nach einer Weile beendet Frau Ebert die Stille. »Ja, genauso ist das und wird das sein. Meine Hoffnung ist, dass ich zur Liebe gehe, die ich hier so selten erlebt habe. Daran glaube ich und das ist meine Hoffnung.«

Wir beenden dieses Glaubensgespräch, beide sind wir im Inneren berührt. In der Folge reden wir immer wieder über die Vorstellungen über ein Leben nach dem Tod. Dabei zeigt Frau Ebert ein lebendiges Interesse auch an anderen Vorstellungen. Wie wäre es, wenn es ein Nichts gäbe, philosophieren wir? Oder wie sieht es mit der Vorstellung der Wiedergeburt aus? Am Ende kommen wir aber immer wieder auf Paulus und seine Aussagen zu Glaube, Liebe und Hoffnung zurück.

Auch von Frau Ebert lernte ich etwas über den Glauben. Ihr Thema war die Frage, was nach dem Sterben kommt. Da ich selbst an einen liebenden Gott glaube, lebe ich tatsächlich in der Zuversicht, dass es so etwas wie das »Reich Gottes« gibt.

Ich selbst war ja dem Tod sozusagen von der Schippe gesprungen. Wären meine »Reanimateure« nicht vor Ort gewesen und hätten durch ihr beherztes Eingreifen mein Herz nicht wieder zum Schlagen gebracht, wäre ich tatsächlich gestorben. So durfte und darf ich weiterleben. In meinen Gedanken, die ich mir in der Zeit danach zum Thema Hoffnung machte, kam mir die Erkenntnis, dass es im Leben immer um das Erkennen der eigenen Wirklichkeit geht. Eigentlich geht es um das reine Sein. Das Leben nach dem Tod stelle ich mir seitdem vor als die nie aufhörende Begegnung mit dem Sein schlechthin. Die Liebe aber, die Liebe, die ich in der Zeit meines Krankseins von so vielen Seiten spürte, setzte einen Prozess in mir in Gang, den ich nicht erwartet hatte. Wenn wir uns der Liebe öffnen, also der Liebe, die das Kranksein, das Sterben und die Trauer umfasst, dann sind wir auf einem guten Weg ins Leben hinein – selbst wenn es irgendwann endet.

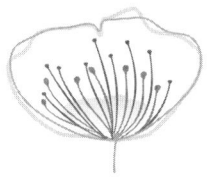

Entscheidungen treffen

Im Krankenhaus werden täglich Entscheidungen gefällt, kleine oder große. Möchte der Patient zum Frühstück Marmelade oder Käse, will er im Bad oder an der Bettkante gewaschen werden? Aber auch andere Entscheidungen sind gefragt: Soll der Patientin die Operation angeboten werden oder nicht, soll sie eine Chemotherapie bekommen oder nicht? Bei solchen medizinischen Fragen ist immer der zuständige Arzt gefragt, eine Indikation zu treffen. Ist also aus seiner Sicht eine bestimmte Therapie angezeigt oder nicht? Im nächsten Schritt bespricht der Arzt das mit dem Patienten, macht ihm den Vorschlag, erläutert die Vorteile, die er sieht, muss aber auch die Risiken und Nebenwirkungen der Maßnahme mit dem Patienten besprechen. Willigt der Patient am Ende ein, darf der Arzt die Maßnahme ergreifen, will der Patient das nicht, dann darf der Arzt nicht handeln, wie er gerne möchte. So weit der Normalfall.

Nun gibt es Situationen, die nicht so ganz klar sind. Der Arzt könnte diesen Vorschlag machen oder einen anderen. Er ist sich nicht ganz sicher. Hier beginnt das spannende Feld der Medizinethik. Die Medizinethik schaut sehr differenziert auf verschiedene Aspekte einer Entscheidung. Vier Grundprinzipien haben sich entwickelt, die es manchmal auch gegeneinander abzuwägen gilt. Als Erstes ist da die

Autonomie des Patienten. Die muss immer gewahrt sein. Der Patient ist der Herr des Verfahrens, nicht der Arzt. Daher müssen wir, wenn wir operiert werden, gleich mehrere Gespräche führen. Mit dem Narkosearzt und mit dem Operateur. Die müssen erklären und erläutern. Und wenn der Patient einverstanden ist, dann unterschreibt er beide Aufklärungsbögen. Erst dann dürfen die Ärzte operieren. Das ist gut geregelt.

Das zweite Prinzip ist das Prinzip des Wohles des Patienten. Das ärztliche, aber auch das pflegerische Handeln muss auf das Wohl des Patienten zielen. Welche Therapie, welches Verfahren hilft diesem einen Patienten am meisten?

Das dritte Prinzip ist das »Nicht-Schadens-Prinzip«. Kein Arzt darf so handeln, dass er dem Patienten schadet. Das hört sich klar und eindeutig an, ist es aber im konkreten Einzelfall eben nicht. Dieses dritte Prinzip ähnelt dem zweiten, schaut jedoch von der »anderen Seite« auf die Situation. Manche Entscheidungen entspringen tatsächlich dem »Nicht-Schadens-Prinzip« und nicht dem »Fürsorgeprinzip«. Wenn mit einer bestimmten therapeutischen Entscheidung ein Schaden für den Patienten droht, dann ist dieses Prinzip federführend. Stellen Sie sich vor, mit einer anstehenden Operation ist ein gewisses Risiko verbunden, was die Nebenwirkungen angeht, dann sollte der Arzt von dieser Möglichkeit vielleicht Abstand nehmen.

Das letzte Prinzip zielt auf die Gerechtigkeit. Würde diese eine Therapie jedem anderen auch vorgeschlagen werden oder nicht? Nur bei einem »Ja« wäre die Therapie zulässig. Man ahnt, die Prinzipien sind aufeinander bezogen und ergänzen sich im besten Fall. Man ahnt aber auch die Konflikte, die entstehen können.

In vielen Kliniken gibt es daher mittlerweile sogenannte Ethikkomitees. Ich leite seit Jahren unser klinisches Ethikkomitee. In diesem Komitee arbeiten Ärzte, Pflegende, Seelsorger und andere Mitarbeiter der Klinik miteinander, um eine gewisse Sensibilität für dieses Thema zu befördern. Das tut das Komitee, indem es Handreichungen zu unterschiedlichen Themen entwickelt, die dann in der Klinik verbindlich eingeführt werden. Es werden regelmäßig Fortbildungen angeboten. Und es wird das Instrument der ethischen Fallbesprechung eingeführt. Pflegende oder Ärzte können, wenn sie Zweifel haben, dass die laufende Therapie nicht sinnvoll erscheint, ein solches Fallgespräch einberufen. Das ist für die Verantwortlichen auf der Station verpflichtend.

Frau Weth ist 56 Jahre alt und verheiratet, das Paar ist kinderlos. Frau Weth bricht in ihrem Haus bewusstlos zusammen. Der Mann versucht sie, auf den Rücken zu drehen, was ihm nicht gelingt. Er ruft den Rettungswagen an, der nach 20 Minuten eintrifft. Der Notarzt macht ein EKG und stellt fest: Frau Weth hat einen Herzinfarkt erlitten, Also rein in den Krankenwagen, Ziel: unsere Klinik, Intensivstation. Dort wird sie beatmet, mit den nötigen Medikamenten versorgt. Tagelang liegt sie dort, es ist wenig Besserung zu erkennen. Da meine Frau über ihre Arbeit Frau Weth kennt, bittet sie mich, Frau Weth zu besuchen. Dort lerne ich sie kennen, aber sie ist nicht ansprechbar. Mit den Pflegenden und einem Stationsarzt kann ich sprechen. Sie erklären mir den Ernst der Lage, äußern jedoch eine leise Hoffnung. Täglich bin ich nun auf der Intensivstation. Eines Tages begegnet mir der Neurologe unserer Klinik. Ich spreche ihn an und erläutere ihm die Zusammenhänge.

»Wissen Sie, Herr Aurnhammer«, antwortet der Neurologe, »ich habe so meine Zweifel, ob die Therapie der ersten Woche wirklich gut für Frau Weth ist. Und ich habe bereits darüber nachgedacht, dass wir am besten eine ethische Fallbesprechung einberufen sollten.«

»Sehr gerne. Ich rufe gleich den Ehemann an und frage, ob er heute Nachmittag kommen kann.«

Am Nachmittag sitzen wir also mit Herrn Weth, seiner Schwester und ihrem Mann, Schwester Claudia, Dr. Warth und dem Oberarzt Dr. König zusammen im Gesprächsraum in der Nähe der Intensivstation. Ich begrüße die Anwesenden und lade die Ärzte ein, Ihre Sicht der Dinge zu schildern. Dr. König beginnt: »Herr Weth, Ihre Frau liegt ja nun schon in der zweiten Woche auf der Intensivstation. Wir haben sie stabilisieren können, aber sie war bisher beatmet und brauchte kreislaufunterstützende Medikamente. Natürlich haben wir sie auch sediert, damit der Stress des Infarktes ein wenig abgemildert wird. Sie haben uns ja berichtet, dass Ihre Frau keine Patientenverfügung gemacht hat, und es gibt auch keine Vorsorgevollmacht.«

»Nein, das alles haben wir nicht gemacht. Obwohl unsere Nachbarin doch bei der Betreuungsbehörde arbeitet und immer wieder gesagt hat: ›Mensch, macht eine Vollmacht, damit wärt ihr abgesichert im Fall der Fälle.‹ Aber meine Frau hat es nicht so mit dem Thema Krankheit, da wollte sie nie hinschauen, obwohl sie ja gesundheitlich nie so richtig kapitelfest war. Ist das denn schlimm?«

»Nun«, sage ich, »die Ärzte müssen ja so handeln, dass es dem Willen des Patienten entspricht. Da Ihre Frau weder Vollmacht noch Verfügung hat, müssen die Ärzte nun den mutmaßlichen Willen herausfinden.«

Herr Weth ist still geworden. »Wissen Sie, ich mache mir solche Vorwürfe. Ich habe es einfach nicht geschafft, meine Frau auf den Rücken zu drehen, ich wusste, dass ich das tun musste, aber ich konnte nicht. Und mit der Vollmacht habe ich auch versagt. Wie oft hat mir meine Nachbarin gesagt, wir sollten das tun, aber meine Frau wollte einfach nicht, und ich habe nie versucht, sie zu überreden.«

Wenn Menschen so ein Schicksalsschlag trifft und dann noch ein Schuldgefühl dazukommt, ist das doppelt schwierig. Das ist Herrn Weth anzusehen. Ich frage den Neurologen: »Dr. Warth, wie schätzen Sie denn die Situation von Frau Weth ein?«

Dr. Warth hatte verschiedene Untersuchungen gemacht, unter anderem ein EEG, das die Hirnströme misst. Das zeigt er den Anwesenden und erklärt. »Herr Weth, sehen Sie diese verschiedenen Zackenmuster? Wenn ich jetzt von uns allen ein EEG machen würde, dann sähen die alle ähnlich aus. Das sagt mir, dass die Hirnrinde Ihrer Frau kaum Schaden erlitten hat. Aber in tieferen Schichten gibt es, wie soll ich Ihnen das erklären, also da gibt es so etwas wie einen Schalter. Und der springt einfach nicht an. Deshalb konnten wir die Sedierung und die Beatmung zwar herunterfahren, aber Ihre Frau wacht leider nicht auf.«

Herr Weth hört aufmerksam zu. Schließlich fragt er mit zitternder Stimme: »Und in den nächsten Wochen, wie denken Sie, wird sich meine Frau entwickeln?«

»Das ist schwer zu sagen, Herr Weth.«

»Meine Frau hat zwei große Hobbys, sie schaut gerne ihre Serien, aber vor allem ist sie eine großartige Bastlerin.«

Die Angehörigen pflichten dem bei. »Ja, das Haus müssten Sie mal sehen, überall Dinge, die sie selbst gemacht hat. Wir haben das immer bestaunt.«

Dr. Warth sagt vorsichtig und leise: »Herr Weth, es tut mir leid, was ich Ihnen jetzt mitteilen muss. Fernsehen wird Ihre Frau vielleicht wieder können, aber das mit dem Basteln, das wird nicht mehr gehen.«

Dieser Satz, so leise er gesprochen war, hat eine große Wirkung. »Nein, Herr Doktor, das hätte meine Frau nicht gewollt, so da liegen und nichts mehr können.«

Dr. König übernimmt: »Herr Weth, wir wollen nichts tun, was Ihre Frau nicht wollen würde. Und Sie schildern uns nun recht klar und eindeutig den mutmaßlichen Willen.«

Die Angehörigen stimmen dem zu. Herr Weth bittet um mehr Informationen. »Aber was heißt denn das für meine Frau?«

»Wir werden sie hier noch ein wenig stabilisieren, dann verlegen wir sie auf die Normalstation. Und dann müssen wir sehen, wo Ihre Frau langfristig leben kann. Zu Hause wird das nicht gehen, aber es gibt spezielle Einrichtungen, die sich gut um Menschen wie Ihre Frau kümmern.«

Im Konsens wird den Ärzten anschließend die Empfehlung gegeben, die Therapie auf der Intensivstation zu beenden und Frau Weth auf die Normalstation zu verlegen. Ich berichte auf der Palliativstation von dieser Geschichte, und wir nehmen Frau Weth einige Tage später auf die Palliativstation auf. Sie wird umsorgt und gepflegt.

Die Ärztin spricht ihren Ehemann an. »Herr Weth, bisher wurde Ihre Frau ja künstlich ernährt. Wie sollen wir da vorgehen?«

Herr Weth ist sichtlich überfordert. »Was meinen Sie denn, Frau Doktor?«

»Ich finde, dass Sie auf der Intensivstation bei der ethischen Fallbesprechung schon eine Wahl getroffen haben, Sie haben sich im Konsens mit den Ärzten dazu entschieden, die Therapie zu minimieren und Ihrer Frau eine Gelegenheit zu geben, sich von dieser Welt zu verabschieden.«

Da ist es, das Thema Sterben. Zum ersten Mal wird es in dieser Deutlichkeit formuliert.

Herr Weth schluckt, widerspricht aber nicht. »Ja, Sie haben Recht, ich muss das wohl einsehen, so traurig das ist.«

In den folgenden Tagen bin ich täglich bei Frau Weth, ihrem Mann und den Angehörigen. Nach fünf Tagen stirbt Frau Weth.

Aus Gründen, die dem aufmerksamen Leser sicherlich schon längst aufgefallen sind, war mir dieses Menschenleben ans Herz gewachsen:

gleiches Alter, ebenfalls Herzinfarkt, ebenfalls Reanimation, aber ein weniger glücklicher Verlauf. Eine schwere Entscheidung hatte im Raum gestanden. Aber diese herausfordernde Situation konnte gelöst werden, weil alle Beteiligten sich auf der Basis gemeinsamer Werte auf eine Entscheidung einigen konnten, auch wenn es in der Folge den Tod eines Menschen zu betrauern gab.

Mein Telefon klingelt, es ist die Intensivstation. Es geht um eine 83-jährige Patientin im Zustand nach einer Reanimation, die als Folge einer Operation notwendig wurde. Frau Schatz hat schon seit Jahren einen implantierten Schrittmacher, um ihr Herz zu stabilisieren. Nun liegt sie sediert und beatmet auf der Intensivstation. Ihr Schwiegersohn ist als Betreuer eingesetzt. Es gibt keine Patientenverfügung, Frau Schatz habe aber mehrfach geäußert, ihr Leben nicht als Dauerpflegefall beenden zu wollen. Die Ärzte sind sich nicht einig, wie sie vorgehen sollen. Der Oberarzt der Anästhesie beschreibt seine Sicht: »Wir haben es hier mit einem tragischen Verlauf zu tun. Frau Schatz wurde am Oberschenkel operiert, und hat nun hier auf der Intensivstation einen Kreislaufstillstand erlitten. Wir haben sie erfolgreich reanimiert, nun aber ist sie sediert und wird beatmet.«

Der Schwiegersohn fragt: »Wie sind denn die Aussichten für sie, wird sie sich erholen können?«

»Das ist schwer zu sagen, was aber klar ist, ist, dass sie ein Pflegefall bleiben wird.«

»Das hat sie nie gewollt. Immer wieder, wenn in der Nachbarschaft etwas vorgefallen war, hat sie gesagt, dass sie, wenn es einmal so weit ist, nicht als Dauerpflegefall dort liegen wollte.«

»Dann ist das also ihr mutmaßlicher Wille, an dem wir uns orientieren können.«

»Was schlagen Sie denn nun vor, Herr Doktor?«, fragt der Schwiegersohn gefasst.

»Wenn die Situation so ist, wie wir sie nun besprechen, dann wäre eine Möglichkeit, die Therapie einzuschränken und Ihre Schwiegermutter sterben zu lassen.«

Nun greift der anwesende Chirurg ein: »Was Sie da vorschlagen, das dürfen wir nicht machen, das wäre doch aktive Sterbehilfe.«

»Nein, das sehe ich anders«, antwortet der Oberarzt. Er holt ein Papier der Bundesärztekammer hervor und liest es laut vor. In dieser Stellungnahme wird erklärt, dass es Ärzten sehr wohl erlaubt ist, die intensivmedizinische Therapie herunterzufahren und zu beenden.

»Das war mir gar nicht bewusst«, sagt der Chirurg.

Im Konsens wird empfohlen, die Therapie zu beenden und Frau Schatz gehen zu lassen. Wir gehen nach dem Gespräch gemeinsam zur Patientin. Der Oberarzt fährt die Unterstützung der Beatmung Stück für Stück zurück, beendet die kreislaufunterstützende Therapie, lässt aber Schmerzpumpe und das Beruhigungsmittel weiterlaufen. Wir werden Augenzeugen, wie ein Mensch auf einer Intensivstation ruhig sterben kann. Für mich ein Hoffnungsschimmer.

Was lernte ich von Familie Weth und Frau Schatz? Ich lernte, dass Entscheidungen am Ende des Lebens schwierig sind, dass wir aber auch nicht weglaufen können davor. Wir müssen uns wohl der jeweiligen Situation stellen und dann mutig eine Entscheidung treffen. Und nicht immer ist in dem Moment, in dem die Entscheidung fällt, klar, in welche Richtung sich das Leben wendet. Was wäre gewesen, wenn der Notarzt, der mich reanimierte, nachdem er meine Frau zweimal nach Vorschäden gefragt hatte, gesagt hätte: »Ich glaube, ich höre jetzt mit der Reanimation auf.« Gestorben wäre ich, keine Chance hätte ich gehabt. Und der Arzt wusste damals zum Zeitpunkt der Reanimation nicht, wie das Ganze ausgehen würde. Die Entscheidung des Notarztes beruhte ja nicht auf ethischem Abwägen. Als Notarzt tat er das, was er tun soll: Leben retten. Das tat er auch bei mir. Dafür bin ich ihm und allen »Reanimateuren«, wie ich sie nenne, bis heute unendlich dankbar. Einst gaben mir meine Eltern mein Leben, nun waren es diese Menschen, denen ich einen neuen Lebensabschnitt verdanke.

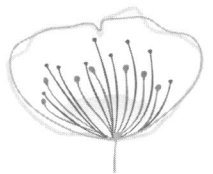

Sich verabschieden

Immer wieder sterben Menschen auf der Palliativstation. Aber mit dem Versterben endet nicht die Begleitung.

»Klaus«, sagt Sonja, eine unserer Krankenschwestern, »Herr Dirks ist eben verstorben. Jetzt sind die Angehörigen da. Du kennst sie doch. Geh doch bitte mal hin.«

So betrete ich das Zimmer, in dem ich in den letzten Tagen auch regelmäßig zugegen war. Ich treffe Herrn Dirks Ehefrau und seine zwei Söhne an. Die Schwestern haben auf das Nachttischchen ein weißes Deckchen gelegt, darauf ein kleines Kreuz aus Messing und ein LED-Teelicht.

Ich spreche die Familie behutsam an: »Schwester Sonja hat mir berichtet, dass Ihr Mann und Ihr Vater eben gestorben ist. Ich wollte mal nach Ihnen sehen. Zunächst möchte ich Ihnen mein Mitgefühl aussprechen.« Ich sage in solchen Situationen sehr bewusst »Mitgefühl« und nicht »Beileid«. Mitleiden will ich nicht, aber Mitfühlen sehr wohl. Im Mitleiden sinke auch ich in das Leid. Im Mitfühlen bleibe ich bei den trauernden Angehörigen.

»Das ist lieb von Ihnen, Herr Aurnhammer«, sagt Frau Dirks, »ich weiß ja, dass mein Mann einige gute Gespräche mit Ihnen hatte, er hat mir immer davon erzählt.«

»Wie geht es Ihnen denn nun?«, frage ich. Ich spüre die Traurigkeit im Zimmer.

»Ach, wissen Sie, wir sind schon sehr traurig. Als das losging mit der Krankheit, da hatten wir alle noch große Hoffnungen, vor allem mein Mann. Ich habe irgendwann erkannt, dass das mit dem Gesundwerden nichts mehr wird. Aber ich habe meinem Mann seine Hoffnung nicht nehmen wollen. Als er dann vorletzte Woche von den Gesprächen mit Ihnen erzählte, da spürte ich, dass er mehr von seiner Situation erkannt hatte, als er mir und den Kindern gegenüber eingestehen wollte. Und nun bleibt nur diese Traurigkeit übrig. Er war doch noch gar nicht so alt.«

»Frau Dirks, mögen Sie mir erzählen, wie Ihr Mann so war, wie er sein Leben angepackt und gemeistert hat?«

Frau Dirks und die Kinder beginnen, erst zaghaft, dann aber kraftvoll das Bild eines erfolgreichen Ingenieurs zu malen, der seinen Beruf über alles liebte und dafür auch mal die Familie hintanstellte. Es ist aber kein Groll zu vernehmen.

Die Erzählung dauert lange, ein Teil der Traurigkeit legt sich.

»Ich lasse Sie jetzt ein paar Minuten alleine«, sage ich schließlich. »Ich möchte Sie ermuntern, Ihrem Mann und Vater noch einmal all das zu sagen, was Sie nun beschäftigt. Wenn Sie wollen, komme ich nachher noch einmal zu Ihnen. Ich würde Ihnen gerne eine Verabschiedung anbieten.«

»Danke, Herr Aurnhammer.«

So lasse ich die Trauernden eine Weile allein im Zimmer. Als ich das Zimmer wieder betrete, ist es ruhig geworden. Versonnen sitzen die drei um das Bett ihres Ehemannes und Vaters herum. Ich hatte von Herrn Dirks erfahren, dass er durchaus gläubig war, also bringe ich eine Bibel und ein Faltblatt mit, dass wir Seelsorger für eine solche Situation entwickelt haben.

»Wie ging es Ihnen in der letzten halben Stunde?«, frage ich.

Einer der Söhne ergreift das Wort: »Wir haben einer nach dem anderen das gesagt, was wir sagen wollten. Und wissen Sie was? Wir waren erstaunt, welch unterschiedliche Aspekte jeder von uns in Erinnerung behalten und benannt hat. Das hat uns doch sehr überrascht.«

»Ja, das ist tatsächlich so. Auch wenn wir uns an ein und denselben Menschen erinnern, hat doch jeder von uns sein ganz eigenes Bild in sich. Ich finde das eigentlich ganz passend. Und es ermuntert doch, auch gemeinsam auf diesen Menschen zu schauen, um zu entdecken, welch unterschiedliche Aspekte der Persönlichkeit da zum Vorschein kommen.«

»Die haben wir in der Tat entdeckt«, bestätigt auch Frau Dirks.

»Sollen wir uns nun vom Verstorbenen verabschieden?«, frage ich behutsam.

»Ja, das wäre schön.«

»Ich habe eine Bibel mitgebracht und möchte Ihnen einen der schönsten Psalmen des Alten Testamentes vorbeten. Es ist der Psalm 23, ein Psalm Davids. ›Der Herr ist mein Hirt, nichts wird mir fehlen. Er lässt mich lagern auf grünen Auen und führt mich zum Ruheplatz am Wasser. Meine Lebenskraft bringt er zurück. Er führt mich auf Pfaden der Gerechtigkeit, getreu seinem Namen. Auch wenn ich gehe im finsteren Tal, ich fürchte kein Unheil; denn du bist bei mir, dein Stock und dein Stab, sie trösten mich. Du deckst mir den Tisch vor den Augen meiner Feinde. Du hast mein Haupt mit Öl gesalbt, übervoll ist mein Becher. Ja, Güte und Huld werden mir folgen mein Leben lang und heimkehren werde ich ins Haus des HERRN für lange Zeiten.'«

Ich mache eine kurze Pause, dann sage ich: »Wir nehmen nun traurigen Herzens Abschied von Herbert Dirks. Er war uns liebevoller Mann und Vater. Heute ist er verstorben. In den letzten Wochen hatte er es schwer. Schmerzen plagten ihn, und ihm wurde mehr und mehr klar, dass sein Leben bald zu Ende gehen wird. Mir hat er einmal anvertraut, dass er sehr wohl Angst habe vor dem Sterben, aber keinerlei Angst vor dem Tod. Diese Zuversicht, und dass Sie ihn alle in dieser Zeit begleitet haben, das hat ihn getragen. Immer wieder sagte er, dass er so froh um Ihre Unterstützung gewesen ist, das sollten Sie wissen. Ich darf Sie nun einladen, das wir gemeinsam das Vaterunser beten.«

Und so beten wir. Nach diesem Gebet sage ich: »Ich fände es schön, dass Sie sich nun, bevor Sie gehen, mit einem Zeichen von Ihrem Mann und Ihrem Vater verabschieden. Das kann ein Kuss sein, ein Händedruck, eine Umarmung. Schauen Sie einfach, was zu Ihrer Beziehung passt.«

Frau Dirks beginnt. Mit Tränen in den Augen geht sie zu ihrem Mann, beugt sich über ihn, nimmt ihn noch einmal in den Arm. »Tschüss, mein Schatz, es war schön mit dir. Und komm gut an.«

Der eine Sohn nähert sich eher vorsichtig. Er legt seine Hand auf den Arm seines Vaters und sagt: »Vielen Dank, Papa, für alles.«

Der jüngere Sohn hat längst begonnen zu weinen, die Tränen laufen ihm übers Gesicht. »Das ist nicht fair, dass du gehst«, sagt er schluchzend. »Wir hätten dich so gerne noch bei uns gehabt.«

Frau Dirks geht zu ihrem Jüngsten und nimmt ihn stumm in den Arm. Ich verweile nur noch kurze Zeit in dem Zimmer und verabschiede mich dann von den Anwesenden.

Ich biete diese Art von Verabschiedung gerne an. Dabei kann es vorkommen, dass die Zeremonie ohne religiösen Hintergrund abläuft. Dann verwende ich weder Psalmtexte noch Gebete, sondern nehme Texte aus der Literatur. Mir gefällt zum Beispiel ein Text von Antoine de Saint-Exupéry recht gut:

> Der Tod ordnet die Welt neu, scheinbar hat sich nichts verändert, und doch ist die Welt für uns ganz anders geworden.
> Erinnerungen erzählen von Liebe, von Nähe und all dem Glück, das wir durch einen geliebten Menschen erfahren durften. Erinnerungen gehen nicht ohne das

> Versprechen wiederzukehren, wenn unser Herz sie ruft.
> Du bist nicht mehr da, wo du warst, aber du bist überall, wo wir sind. Der Mensch wird nicht sterben, solange ein anderer sein Bild im Herzen trägt.
> Jetzt bleibt uns nichts von dir als die Erinnerung an deine Augen, dein Lächeln, deine Hände in den Herzen der Menschen, die dich lieben.
> Die Blume geht zugrunde, aber der Same bleibt zurück und liegt vor uns, geheimnisvoll, wie die Ewigkeit des Lebens.

Dieser wunderbare Text spricht die radikale Veränderung beim Tod eines geliebten Menschen an, er zeugt aber auch von der lebendigen Erinnerung. Er weist nicht in das Loch der Traurigkeit, sondern er weitet den Blick in die Tiefe des Herzens. Dadurch kann er Menschen auch in der Trauer trösten.

Wichtig finde ich bei einer Verabschiedung das erzählende Erinnern der Anwesenden, passende Texte und die Einladung zu einer körperlichen Geste. Das nimmt die Sprachlosigkeit weg und macht die schwere und traurige Situation im wahren Sinne greifbarer. Ein Trauermodell, das mir gut gefällt, ist das von Frau Smeding aus den Niederlanden. Sie spricht in Bildern, und das erste Bild, das sehr gut zur Situation des Verabschiedens passt, ist die sogenannte Schleusenzeit. Wir wissen alle, wie eine Schleuse funktioniert. Ein Schiff fährt hinein, ein Weg geht zu Ende. Auf einer anderen Ebene geht es aber weiter. Wenn die Schleuse richtig funktioniert, öffnet sich der Weg nach vorne, das Leben geht weiter. Vor der Automatisierung hatte jede Schleuse einen Schleusenwärter. Er trug Sorge dafür, dass alles richtig funktioniert. Meine Rolle bei einer Verabschiedung ist genau die eines Schleusenwärters. Ich beobachte, mache behutsam Vorschläge, versuche zum Erinnern zu ermutigen. So kann der Prozess von trauernden Menschen gefördert werden.

Herr Molitor starb zu Hause, er war mein Onkel. Er hatte jahrelang mit seinem Krebsleiden gerungen, nun war er im Beisein der Familie friedlich gestorben. Er starb an einem Gründonnerstag. Da er nicht verbrannt werden wollte, lag er aufgebahrt in der Friedhofshalle des kleinen Ortes, in dem er gewohnt hatte. Das Bestattungsunternehmen hatte die Beerdigung für den Osterdienstag angesetzt. Das waren nun noch etliche Tage bis dahin. Wir bekamen einen Schlüssel für die Leichenhalle. Jeden Tag gingen wir zweimal dorthin, um uns von meinem Onkel zu verabschieden. Auch Neffen und Nichten durften mitgehen, sie waren zu dem Zeitpunkt etwa zehn Jahre alt. Ich beobachtete damals etwas Merkwürdiges. Oft sehe ich ja die Verstorbenen auf der Palliativstation. Immer wieder bitten mich die Pflegenden, ob ich den Verstorbenen oder die Verstorbene herausgeben kann, wenn das Bestattungsunternehmen kommt. Das ist dann meist am nächsten Tag. Wenn der Mensch an einem Freitag stirbt, dann ist es der Montag, also zwei Tage später. Ich hatte schon wahrgenommen, wie sich ein Leichnam langsam verändert. Aber als wir nun täglich meinen Onkel besuchten, konnten wir deutlich wahrnehmen, wie sich alles veränderte. Am ersten Tag taten wir das, was ich sonst bei einer Verabschiedung immer erlebe: Wir redeten über meinen Onkel, sein Leben, seine Marotten, die wir so geliebt hatten. Aber spätestens am dritten Tag verstummten wir mehr und mehr. Wir standen dort still und staunten. Wir sahen, wie sich mein Onkel von Tag zu Tag vom Aussehen her veränderte. Erst war er immer noch der verstorbene Onkel. Er wurde aber immer mehr zu einem Leichnam. Die Haut seines Gesichtes wurde wächsern. Wir konnten deutlich sehen, dass dort kein Funken Leben mehr war. Er war definitiv tot. Auf der einen Seite waren wir alle traurig, auf der anderen Seite halfen uns die Besuche aber doch, uns von ihm zu verabschieden. Das Ereignis ist nun schon viele Jahre her, aber die Erinnerung an dieses Verabschieden begleitet mich noch heute.

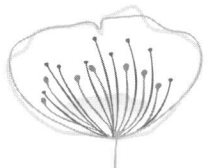

Was hat sich verändert in meinem Leben?

Heute bin ich wieder kraftvoll im Leben unterwegs. Ein Jahr war ich »ausgefallen«. Ein Jahr, das es in sich hatte. Aber auch ein Jahr, das mich verändert hat. Wie kann ich das beschreiben?

Am stärksten wirkten sich die Veränderungen in meinen Beziehungen aus. Meine Frau und ich hatten wohl schon immer eine gute Beziehung. Aber was sich in der Zeit des Krankseins entwickelt hat, lässt sich kaum beschreiben. Es gibt ja den Spruch, dass kein Blatt Papier zwischen zwei Menschen passen würde. Das Bild ist zu schwach, um unsere Entwicklung zu beschreiben. Schließlich hatte ich eine Eingebung. Ich sagte zu Anette: »Weißt du, ich habe das starke Gefühl, dass wir ineinander hineingewachsen sind.« Dieses Bild trifft so ziemlich mein Erleben seit meiner Erkrankung. Ich bin meiner Frau so unendlich dankbar. Sie trieb mich an, unterstützte mich, spornte mich an, hielt mir den Rücken frei, bremste mich, wenn es nötig war, und erledigte dies und das, weil ich es eben nicht konnte mit meinem lädierten Hirn. Irgendwann stellte ich fest: »Wenn du nicht gewesen wärst, wäre ich entweder schon lange tot oder würde als Wurm weiterleben müssen.«

Auch die Verbindung zu unseren erwachsenen Kindern hat sich intensiviert. Lukas lebte ja in Freiburg und kam jeden Tag, den ich auf der Intensivstation lag, zu Besuch. Das tat Anette sichtlich gut. Sie war nicht allein mit ihrer so großen Sorge. Es war ja lange nicht klar, wie es mit mir weitergehen würde. Mit Lukas konnte Anette alles besprechen: die Entscheidungen auf der Intensivstation, die Planungen der Früh-Reha, aber vor allem ihre Sorgen um mich. Und dann war da meine Familie. Meine Mutter war in größter Sorge um ihren Ältesten. Meine beiden Brüder waren ebenfalls für uns da und fuhren nach Freiburg, um uns zu unterstützen.

Ja, und zuletzt waren da meine Freunde. Man braucht ja nicht viele, aber die, die wir haben, sind einfach großartig. Allen voran Monika, die mit Anette eine rege Korrespondenz per Telefon und WhatsApp pflegte. Sie coachte und stützte und tröstete Anette auf heilsame Weise. Sie kam nach Elzach und verhandelte dort als erfahrene Palliativfachkraft mit den Ärzten und Pflegenden. Auf ihre Anregungen hin wurden Therapie und Versorgung rund um mich modifiziert und auf meine Bedürftigkeit angepasst. Dann waren da die Freunde aus München und Aachen, die sofort per Telefon Kontakt aufnahmen, um zu helfen. Alle vier kamen, als ich in Elzach war, mehrfach zu Besuch und wir telefonierten fleißig. Das konnte ich da schon. Und dann hatte ich meine Freunde hier aus Saarlouis, Peter und Simone, die extra Kleidung aus unserem Haus besorgten und zu uns nach Freiburg brachten. Großartig! So war ein stabiles Netz geknüpft für meinen persönlichen Drahtseilakt. Und dafür bin ich auch heute noch unendlich dankbar.

Aber auch mein Zugang zur Welt und zum Leben hat sich verändert. Ich bin Gott so dankbar, dass ich sozusagen eine zweite Runde des Lebens aufnehmen darf. Ich erlebe jeden Tag mein Leben wie ein Geschenk. Das ist nicht nur so ein Satz, den Sie da lesen. Glauben Sie mir, ich fühle das wirklich. Welch kostbares Geschenk ist doch unser aller Leben! Auch meine Spiritualität hat sich deutlich vertieft. Dass ich in der Klinik in Illingen so intensiv in mich hineinschauen konnte, war wichtig für mich. Meine gebeutelte Seele kam zur Ruhe und ich konnte Kraft schöpfen. Wenn ich zur Arbeit gehe, dann muss ich immer ins sechste Stockwerk. Ich nehme jeden Tag das Treppenhaus. Und mit jedem Stockwerk habe ich ein größer werdendes Glücksgefühl. Was ist das für ein Wunder, dass ich wieder arbeiten kann? Ein herrliches Gefühl, das mich täglich durchströmt!

Auch in den Kontakten mit den Kranken und ihren Angehörigen spüre ich eine Entwicklung. Vor der Reanimation war ich nie als Patient im Krankenhaus gewesen. Nun habe ich, wie ich es nenne, eine kraftvolle Erfahrung »der anderen Seite« gemacht. Wenn Kranke mir nun erzählen, dass ihnen alles aus den Händen gleitet, dass sie so kraftlos sind und sich so überflüssig vorkommen, dass sie um so viele Fähigkeiten, die sie einst hatten und die jetzt verloren gegangen sind, trauern, dann kann ich das nicht nur rational verstehen. Ich weiß einfach ziemlich genau, wie sich das anfühlt. Und von diesem umfassenderen oder tieferen Verstehen aus kann ich heute noch viel besser und intensiver Menschen begleiten. Als hätte sich mein Einfühlungsvermögen vergrößert.

An noch einer anderen Stelle merke ich eine Erweiterung. Ich hatte ja schon vor meinem Infarkt immer wieder mit Menschen zu tun, die Hoffnung hatten. Immer wieder waren das auch unrealistische Hoffnungen der Menschen, denen ich auf der Palliativstation begegnete: die Hoffnung, gesund zu werden, die Hoffnung, noch dies oder das zu erleben. Bisher habe ich als Seelsorger immer recht verhalten reagiert. »Sie haben also Hoffnung?«, so war eine typische Reaktion von mir. Auf einmal wurde ich schmallippig und still. In solchen Situationen hatte ich eigentlich immer die Hoffnung, dass wir dieses heikle Thema schnell verlassen könnten. Nun mache ich das völlig anders.

Ich habe ja am eigenen Leib und an der eigenen Seele erlebt, welche lebensfördernde Kraft Hoffnung immer hat. Wenn ich nun auch nur einen Hauch von Hoffnung beim Kranken spüre, spreche ich ihn direkt darauf an und bitte ihn, mir von seiner Hoffnung zu erzählen. Ausnahmslos alle, die ich seither begleitet habe, fingen an, kraftvoll zu erzählen. Und immer merke ich, welche Lebenskraft die Menschen dann erfüllt. Die Augen leuchten, die Gesichter strahlen. Wenn die Menschen dann mit dem Erzählen zum Ende kommen, sage ich: »Sie strahlen ja richtig, das ist ja wunderbar. Gestatten Sie mir eine Frage: Für wie wahrscheinlich halten Sie es selbst, dass diese Hoffnung sich erfüllt?« Ich habe wirklich noch niemanden kennengelernt, der dann gesagt hätte: »Genau so muss es kommen.« Die meisten werden etwas stiller und sagen zum Beispiel: »Wissen Sie, Herr Aurnhammer, ich merke doch selbst, wo es langgeht. Aber ich wollte so gerne an dieser Illusion festhalten. Was habe ich denn sonst noch? Es war schön, dass Sie mich gefragt haben. Ich merke, wie die anderen, die Kinder oder Freunde, zurückschrecken, wenn ich wieder damit anfange. Das Reden tat jetzt wirklich gut.«

So schaue ich, während ich dies hier schreibe, auf eine wirklich bewegte Zeit zurück. Ich wünsche niemandem, dass er wie ich mit Mitte 50 eine solche Verlusterfahrung machen muss. Aber jeder von uns trägt sein eigenes Päckchen, auf dem »Verlust« steht oder »Schmerz«. Da stirbt ein lieber Mensch, dort verliert jemand den Arbeitsplatz, und wieder an anderer Stelle scheitert eine Beziehung. Wir Menschen verlieren im Leben immer wieder etwas Unwiederbringliches. So ist das eben. Aber jeder von uns kann den Weg gehen, der sich in den Geschichten der Menschen zeigt, die ich bei der Arbeit kennenlernte und von denen ich in diesem Buch erzählt habe. Jeder. Was wir als Rüstzeug brauchen, um kraftvoll weitergehen zu können, sind Mut, Offenheit der eigenen Lage gegenüber, Beharrlichkeit, ein wenig Ehrgeiz, den Mut zum Üben und ein gutes Beziehungsnetz. Ich fand es immer ermutigend, wenn Menschen mich fragten, wie es mir gerade ging, und ich dann ehrlich erzählen konnte und durfte. Das Aussprechen dessen, was in einem schlummert oder gärt und brummelt, tut einfach gut. Und ich glaube, wir alle brauchen eine irgendwie geartete spirituelle Ausrichtung. Damit meine ich nicht einen religiös oder kirchlich gebundenen Glauben. Ich meine damit die Entdeckung, dass das Leben ein Übungsweg ist, dass wir als Menschen immer wieder üben lernen müssen. Das ist vielleicht eine Binsenweisheit. Wie hätten wir Schreiben und Lesen und Rechnen lernen können, wenn wir nicht geübt hätten? Aber als Erwachsene »vergessen« wir schnell dieses Prinzip. Zu der Spiritualität, die ich meine, gehört eben, dass wir nie aufhören zu üben. Es reicht nicht, das zu wissen. Wir müssen es täglich tun. Nur dann können wir uns als Menschen weiterentwickeln. Zu dieser Spiritualität gehört natürlich auch die

Hoffnung, von der ich sprach. Und noch etwas scheint mir wichtig: Das Vertrauen darauf, dass wir im Leben immer gehalten sind, dass wir nie ins Bodenlose fallen, auch wenn es sich manchmal so anfühlt. Da gibt es dieses »andere«, das ich nicht mal unbedingt »Gott« nennen muss. Und hilfreich war und ist für mich die Ahnung, dass der Tod eben nicht das letzte Wort haben wird. Und natürlich ist Humor sehr, sehr hilfreich.

Ist also alles wieder wie vorher? Das ist es durchaus nicht. Das Schnürsenkelbinden dauert immer noch länger als vorher. Auch Autofahren im Dunkeln ist eine Herausforderung. Wenn dann noch Regen dazukommt, springt mein Herz, aber nicht vor Freude. Ich erlebe dann Blutdruckspitzen und bin froh, wenn jemand anderes das Steuer übernimmt. In diesem Mai waren wir in Meran. Ich durfte im Rahmen der Veranstaltung »Palliativ ohne Grenzen« eine Gruppe von 16 Teilnehmenden dreieinhalb Tage im Thema Kommunikation unterrichten, danach gingen wir in die Berge zum Wandern. Wir haben den Meraner Höhenweg in acht Etappen schon zweimal geschafft, nun waren Teilabschnitte dran. Wir wandern nur mit Stöcken, das gibt in den Bergen Sicherheit und Halt. Beim Hinauflaufen auf den Berg war ich genauso trittsicher wie früher, aber beim Herabsteigen fiel mir auf, dass ich rechts automatisch den Stock führe, bei der linken Seite aber sehr genau aufpassen muss, wohin mein Auge die Hand mit dem Stock führt.

Ja, die Raumwahrnehmung, die ist weiter angeschlagen. Vor einigen Wochen beschlossen Anette und ich, unseren Computertisch auszutauschen. Nachdem der neue Tisch geliefert worden war, gingen wir tapfer ans Werk. Ein DIN-A3-Blatt mit neun Schritten lag dabei. Die ersten Schritte gingen auch gut von der Hand. Aber ab Schritt sieben begann es zu haken. Da ging es um das Teil, mit dem man die Tastatur herausziehen kann. Wir probierten mehrmals, es korrekt einzusetzen, aber irgendwie klemmte es. Es passte nicht. Also gingen wir noch mal einige Schritte zurück und starteten den Aufbau quasi von vorne. Wieder scheiterten wir. Ich schrieb eine enttäuschte Mail zum Händler, beschrieb das Problem und erbat die Rückerstattung unseres Geldes. Und ich googelte nach einer Alternative, bei der in der Beschreibung »einfacher Aufbau« stand. Am übernächsten Tag ging ich in den obersten Stock, wo ich alle Einzelteile auf ein Sofa gelegt hatte. Ich staunte nicht schlecht. Das Tischchen stand fix und fertig aufgebaut vor mir. »Anette«, rief ich, »komm mal hoch.« Sie kam und staunte ebenfalls. Wer war denn das? Die Heinzelmännchen? Dann fiel es uns ein. Mittwochs kommt immer ein ungarisches Ehepaar zum Putzen. Er ist versierter Handwerker. Wir riefen ihn an und fragten nach. »Ja, das war ich«, antwortete er leichthin. »Wisst ihr, ich hatte noch Zeit und sah die Sachen da liegen, da habe ich es einfach zusammengebaut.«

Diese kleine Geschichte soll zeigen: Ich bin heute tatsächlich in bestimmten Bereichen auf Hilfe angewiesen, die ich vorher sicher nicht gebraucht hätte. Dabei ist es für uns Menschen eigentlich normal, auf Unterstützung anderer angewiesen zu sein. Jedes Kleinkind ist das. Und der neue Klaus startete ja wie ein solches Kind. Bereits seit der Zeit in den Kliniken war ich auf Hilfe anderer angewiesen. Und ich hatte gelernt, sie auch anzunehmen. Wenn ich mich früher in einer fremden Stadt verlaufen hätte, wäre ich nie auf den Gedanken gekommen, Passanten nach dem Weg zu fragen. Nein, das schafft

Klaus doch allein, wäre meine Devise gewesen. Das hat sich geändert. Wenn ich mich heute verlaufe, frage ich sofort nach dem richtigen Weg. Und ich habe noch immer Menschen gefunden, die mir halfen. Eigentlich eine schöne Erfahrung in einer Welt, in der Unabhängigkeit ein so hohes Gut geworden ist.

Der neue Klaus ist nicht der alte. Der neue Klaus ist eine – vielleicht ganz gelungene – Mischung aus alt und neu. Viel Altes ist tatsächlich zurück, aber es ist auch Neues dazugekommen: Dazu gehört sicherlich die Erkenntnis, wie kostbar unser Leben eigentlich ist und wie wenig selbstverständlich es ist, leben zu können. Mich begleitet eine große Dankbarkeit, die mein Leben nun viel deutlicher bestimmt als vor dem Infarkt. Ich kann sagen: Jeder Tag, den ich leben darf, ist ein Geschenk. Glauben Sie mir: Das ist nicht nur ein Satz, den ich in dieses Buch schreibe, es ist ein echtes tiefes Gefühl.

Jetzt frage ich Sie: Haben Sie solche Erfahrungen auch gemacht? Viele von Ihnen werden schon einmal erfahren haben, dass etwas nicht funktionierte, wie Sie es wollten. Sie werden erfahren haben, dass Sie etwas für Sie Wesentliches oder Wichtiges verloren haben: eine Fähigkeit, vielleicht einen Arbeitsplatz. Vielleicht haben Sie eine Trennung erlebt oder sogar einen lieben Menschen verloren. Das alles gehört offensichtlich zu unserem Leben dazu. Aber vielleicht entdecken Sie bei sich auch einige der genannten Fähigkeiten, die ich beschrieben habe. Auch die gehören zum Leben und sind normal. Mein Tipp: Bleiben Sie nicht in den Verlusterfahrungen stecken. Entwickeln Sie sich. Üben Sie. Üben Sie das Leben. Und machen Sie bei dem großen Abenteuer und Wunder mit, das wir »Leben« nennen. Vielleicht sind Sie schon dabei. Das wäre herrlich!

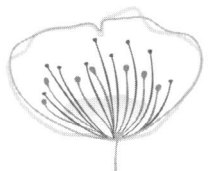

Epilog
Gedanken über die Hoffnung – ein Drahtseilakt

1. Akt: Die unterbrochene Hoffnung

Als ich bewusstlos auf der Wiese lag und die Reanimation zunächst ohne Erfolg ablief, kommentierte meine Frau Anette die Situation so: »Das war's.«

In diesem Moment gab es keine Hoffnung, sie war abgerissen.

Erst nach 30 Minuten sprang mein Herz wieder an. Dann der erste Herzschlag. »Er lebt.«

Meine Frau berichtete später, sie habe mich auf der Wiese tot gesehen. Vom Fahrrad gestürzt, aus dem Leben gefallen, abgeschnitten von der Zukunft, fast tot.

In den nächsten Tagen lag ich auf der Intensivstation der Uniklinik in Freiburg, verkabelt, ohne Bewusstsein. Für mich ein Zustand jenseits von Hoffnung.

Anette sprach mit den behandelnden Ärzten. Schwergewichte heute: Vier Ärzte, sie sprechen von frontalem Hirnschaden, von jahrelangem Prozess mit Pflegebedürftigkeit und empfehlen mir psychotherapeutische Unterstützung.

2. Akt: Die stellvertretende Hoffnung

In der Zeit der abgerissenen Hoffnung begannen andere stellvertretend für mich zu hoffen. Monika aus Bonn zum Beispiel, die Freunde aus München.

Im Rückblick begann sich hier ein stabilisierendes Netz zu bilden, Verbindungen wurden neu geknüpft, die Hoffnung nahm eine erste Gestalt an.

Leise zeigt sich diese Form der Hoffnung, ein großer Balanceakt, der durch das Sicherheitsnetz der Verbindungen untereinander die Verletzungen durch Abstürze vom Drahtseil der Hoffnung zu mildern versucht.

3. Akt: Die keimende Hoffnung

Meine Erinnerung setzte ein und damit auch eine eigene Hoffnung, als ich therapiefähig wurde.

Ich konnte ja sprechen und denken, reflektieren und Antwort geben. Erste Erfolge stellten sich ein. Es gelang etwas, was gestern noch nicht ging. Ich erlebte, dass sich durch Ausprobieren, Üben,

Konzentration und Geduld das Fenster zur Zukunft öffnete. Etwas passierte tief in mir drinnen.

Voller Dankbarkeit schaute ich in diese Tiefe in mir. Da geht was, war die Botschaft aus dieser tiefsten Tiefe. Diese ersten Erfahrungen von Erfolg ließen mich hoffen, dass es bei Menschen im Grunde immer Hoffnung gibt. Die ruhende Hoffnung. »Ich will, dass du bist«, sagt Augustinus.

4. Akt: Die ruhende Hoffnung

Mir kam das Bild eines Keimes in den Sinn. Die ruhende Hoffnung ist wie ein Keim im Menschen angelegt. Ein göttliches Geschenk, das der Mensch, weil er eben Mensch ist, in sich trägt. Aber ein Keim ist für sich im Grunde der Seele noch nichts. Ein Keim braucht Nahrung. Ich erfuhr in jeder Therapieeinheit etwas Beglückendes, das mir sagte: »Das bist du, und das warst du und das wirst du sein.« Der grundgelegte Keim wurde von außen und von innen genährt. Von innen, weil Hoffnung wohl so etwas ist wie ein Existenzial des Menschen. Der Mensch ist mit Hoffnung begabt, braucht aber Hoffnung von außen, damit sie auch genährt wird. Genährte Hoffnung, dass ein Teil der verlorenen Hoffnung zurückkehre. Auch das war zum Weinen schön. Also nahm ich mir vor zu üben. Wenn eins ging, dann ging doch auch noch ein Weiteres und dann noch ein Weiteres. So wurde Tag für Tag Hoffnung genährt.

Alles, was gelang, sank voller Dankbarkeit tief in mich hinein. Ich begriff, dass Hoffnung nicht einfach nach vorne in die Zukunft greift, sondern eben auch nach innen weist. So ergänzte sich die Erfahrung des nach vorne und des nach innen.

In dieser Zeit war meine Frau eine sprudelnde Quelle nährender Hoffnung. Ihre Grundbotschaft war: Lass dir Zeit, mach in deinem Tempo und Rhythmus weiter, hab Geduld. Du bist es, um den es geht. Ich bin an deiner Seite. Ohne solche Botschaften wäre meine Hoffnung vielleicht versandet. So aber wurde sie von Tag zu Tag, von Woche zu Woche weiter genährt.

5. Akt: Die zweifelnde Hoffnung

»Kann ein Mensch sich neu erfinden?«

Viel war jetzt von Hoffnung die Rede, aber es gibt natürlich auch den Zweifel. Man könnte fragen, ob auch der Zweifel ebenso Existenzial des Menschen ist, der ihm innewohnt. Natürlich gehört auch der Zweifel zu meinen grundlegenden Erfahrungen dieser Zeit. Wie oft habe ich etwas probiert, etwas versucht, und es gelang und gelang einfach nicht? Ich konnte zum Beispiel zu Beginn weder schreiben noch rechnen. Ich zweifelte immer wieder an meinen geistigen Fähigkeiten. Für meine Umgebung ergab sich ein Paradox: Viele geistige und intellektuelle Fähigkeiten waren mir verschlossen, aber ich konnte sehr präzise beschreiben, was alles nicht ging. Das war bisweilen eine emotionale Achterbahnfahrt des Zweifelns und Hoffens. Es gab das, was ich verlorene Tage nannte: voller Zweifel und Traurigkeit, wie es mit mir und meinem Leben weitergehen soll. Die zweifelnde Hoffnung fühlt sich nicht gut an, sie ist aber wichtig. Sie sagt dir, du bist noch nicht da, wo du hinwillst. Sie schaut nach und hinterfragt: »Was fehlt noch?« Interessant ist die Erfahrung, dass die zweifelnde Hoffnung begleitet wird durch nährende Erfahrung, die dennoch einen Schub nach vorne auslöst. Mit dem Zweifel geht die Hoffnung weiter.

6. Akt: Die verzweifelte Hoffnung

Zu meinem eigenen Erstaunen stelle ich fest, dass ich so etwas wie die pure Verzweiflung bisher nicht erlebte. Ich weiß nicht, woran das liegt. Es wäre ja durchaus verständlich, wenn das Grundgefühl angesichts der vielen Verlusterfahrungen die Verzweiflung wäre. Hier sprach mich folgender Satz meines Freundes Toni an. Er erzählte mir am Telefon: »Ich habe eine französische Nonne getroffen, die mir einen Satz mitgab: ›Nichts ist von Bedeutung.‹« Dieser Gedanke erreichte mich, seine Mehrdeutigkeit beschäftigt mich bis zum heutigen Tage, ist Teil von mir geworden, trägt mich. Vielleicht hat er dem tiefsten Zweifel die Übermacht gebrochen.

7. Akt: Die enttäuschte Hoffnung

Zu den Erfahrungen eines Menschen, der unter Apraxie leidet, gehört logischerweise die Enttäuschung. Selbst kleine Handlungen misslingen. Es ist, als sei man aus dem Leben gefallen. Wenn man mir eine kurze Geschichte vorlas, die aus sieben Sätzen und einigen Fakten bestand, konnte ich mich nach einer Minute nicht mehr an den Inhalt erinnern. Ich versuchte, Schuhe zu binden. Zu komplex. Es gelang nicht. Die ersten Wochen waren so voller Enttäuschungen. An einem warmen schönen Tag gingen Anette und ich im Wald spazieren. Auf einmal kam die Frage auf: »Was ist eigentlich bei der enttäuschten Hoffnung die Täuschung?« Wenn ich etwas versuche, etwas ausprobiere und es gelingt nicht, bin ich *ent*täuscht. Ich habe mich offensichtlich *ge*täuscht. Die Täuschung besteht eben darin, dass ich nicht in Kontakt mit der Wirklichkeit bin. Ich bin einer Täuschung erlegen. Das, was ich bin, ist nicht mit dem identisch, was ich mir vorstelle. Sein und Schein fallen auseinander. Aus diesem Gespräch ergab sich für mich eine neue Erkenntnis: Erst wenn die Täuschung verschwunden ist, wird klar, was Wirklichkeit ist. Das Sein, das Wirkliche, hat nur dann eine Chance, wenn ich auf die Täuschung verzichte. Von diesem Punkt an war ich jeder Enttäuschung im Grunde dankbar. Natürlich fühlt es sich zunächst einmal nicht gut an, wenn man merkt, dass man einer Täuschung erlegen ist. Aber die Enttäuschung bringt mich in Kontakt mit der Wirklichkeit und das erzeugt interessanterweise neue Hoffnung. Fast paradox.

8. Akt: Die große Hoffnung

Was ist eigentlich die ganze Zeit mein inneres Ziel gewesen? Nachdem der Schrecken des Todes gebannt war und sich eine gewisse Stabilität einstellte, als keimende und genährte Hoffnung wuchsen, ergab sich für mich und meine Umgebung eine neue Perspektive: Könnte es möglich sein, wieder in die sogenannte Normalität zurückzukehren?

Könnte es möglich sein, wieder zu arbeiten, ein normales Leben zu führen? Diese Perspektive hatte in der Zeit, als ich mit der Frage beschäftigt war, noch keine Auswirkung auf mich. Wenn ich Besuch bekam, hörte ich aber diesen Wunsch: wieder zurückzukehren, »der Alte« zu werden, den gewohnten Platz einzunehmen. Aber es ist der Wunsch von anderen, der Wunsch von außen sozusagen. Natürlich ging meine Hoffnung auch tastend in diese Richtung, gleichzeitig geht sie über »das Alte« hinaus.

Heute bin ich wieder zurückgekehrt, an meinen alten Arbeitsplatz. Wieder so arbeiten zu können wie vor dem Herzinfarkt, ist ein großes Glück. Und durch die Erfahrung, intensiv auf der anderen Seite gewesen zu sein, merke ich, dass ich für viele Dinge, die mir auf der Arbeit begegnen, noch ein intensiveres Gefühl erhalten habe. Das nährt meine Dankbarkeit in besonderer Weise.

9. Akt: Die noch größere Hoffnung

Durch die Erfahrung der letzten Monate ist etwas in mir gewachsen oder in Bewegung geraten: eine Erkenntnis, die ich mit mir herumtrage: Diese Erkenntnis weist in die tiefsten Tiefen der Hoffnung hinein. Es geht immer um das Sein. Es geht im Leben immer darum, die Wirklichkeit zu spüren, der Wirklichkeit des Seins näherzukommen. Und es geht darum, dieses Sein zu durchdringen oder besser: sich vom Sein durchdringen zu lassen. Es reicht das pure Sein! Wo dieses Sein Wirklichkeit wird, ist Hoffnung.

Danksagung

Sandra und Olli Schill, Axel Schmutz und Felix Gaiser. Ohne euren und Ihren beherzten Einsatz würde ich nicht mehr leben. Ich bin euch in tiefer Dankbarkeit verbunden, solange ich lebe.

Dir, Anette, danke ich, dass du an meiner Seite warst und immer noch bist. Ohne dich wäre damals alles nichts gewesen.

Meiner Mutter und meinen Brüdern Andre und Peter sage ich Dank für alles Mitgehen in dieser Zeit. Ihr tatet mir gut. Simon und Lukas, als Söhne wart ihr stets präsent, habt mich ermutigt und euren Humor mit mir geteilt, Dank dafür.

Meinen Freunden Martina, Silvia, Andreas, Toni, Ewald, Barbara und Scotty und Jürgen sage ich Dank für eure Unterstützung, die so vielfältig und unterschiedlich war, wie ihr unterschiedlich seid. Vor allem dir, Martina, sage ich »Danke« von ganzem Herzen. Du warst präsent, hast Anette und mich so wunderbar unterstützt.

Ich danke allen Patientinnen und Patienten, die ich kennenlernen durfte. Einige von ihnen kommen in diesem Buch ja auch zu Wort. Ohne ihr Vertrauen, sich einem Fremden zu öffnen, hätte ich nicht viel zu erzählen gehabt.

Zu guter Letzt danke ich allen Ärztinnen und Ärzten und Therapeutinnen und Therapeuten, die ich kennenlernen durfte. Sie haben mich angeschoben, ermuntert und gefördert. Es half. Vielen Dank.

Quellen

Klaus Aurnhammer, Anette Aurnhammer, Martina Kern: »Der Stoff, aus dem die Hoffnung ist«, Leidfaden, 2017, Jg. 6, Heft 1: Hoffnung – ein Drahtseilakt.
https://www.vandenhoeck-ruprecht-verlage.com/zeitschriften-und-kapitel/13166/der-stoff-aus-dem-die-hoffnung-ist

Hanns Dieter Hüsch: Ich bin vergnügt (Psalm) aus: Hanns Dieter Hüsch/Uwe Seidel, *Ich stehe unter Gottes Schutz*, Seite 140, 2018/16 © tvd-Verlag Düsseldorf, 1996

Über den Autor

Klaus Aurnhammer, Jahrgang 1960, arbeitet seit 27 Jahren als Seelsorger auf einer Palliativstation und ist Trainer für Palliative Care. Er verfügt über langjährige Erfahrung in den Bereichen »Palliative Care« und Hospizarbeit, hält Seminare und Vorträge zu diesen Themen im ganzen deutschsprachigen Raum. Klaus Aurnhammer ist verheiratet und hat zwei erwachsene Söhne.

208 Seiten
14,99 € (D) | 15,50 € (A)
ISBN 978-3-86882-280-9

Doris Tropper
Hätte ich doch ...
Von den Sterbenden lernen,
was im Leben wirklich zählt

Wenn Menschen wissen, dass sie bald sterben, denken sie oft darüber nach, was sie im Leben hätten besser machen können, was sie bedauern und was sie ungeschehen machen möchten. Wie schön wäre es, wenn man sich all diese Gedanken früher machen würde, ohne krank zu sein und dem Tod ins Gesicht zu blicken. Sondern einfach nur deshalb, weil man ein erfüllteres Leben haben möchte, ohne sich am Ende eingestehen zu müssen, dass man Dinge versäumt hat.

Doris Tropper, die seit vielen Jahren mit schwerkranken Menschen und deren Angehörigen arbeitet, hat nun die wichtigen Botschaften zusammengetragen. Sie erläutert anhand von konkreten Schicksalen aus verschiedenen Lebenssituationen (jung, alt, Mann, Frau, Familie, alleinstehend), was die sieben zentralen Anforderungen an ein glückliches und erfülltes Leben sind und wie sie gelebt und umgesetzt werden können. Man sollte nicht kurz vor dem Tod stehen, um sich die wirklich wichtigen Dinge im Leben bewusst zu machen.

256 Seiten
16,99 € (D) | 17,50 € (A)
ISBN 978-3-86882-940-2

Megan Devine
Es ist okay, wenn du traurig bist
Warum Trauer ein wichtiges Gefühl ist und wie wir lernen, weiterzumachen

Wenn ein geliebter Mensch stirbt, scheint das eigene Leben plötzlich stillzustehen. Die Zeit danach ist schwer, und doch geben wir der Trauer immer weniger Raum und fühlen uns gezwungen, schnell wieder zum Alltag überzugehen.

Die Psychotherapeutin und Trauerbegleiterin Megan Devine erlebt dies nach dem tragischen Verlust ihres Mannes selbst. Deshalb sucht sie nach einem neuen und heilsamen Weg, mit der Trauer umzugehen. Anhand zahlreicher Erfahrungsberichte beschreibt sie einfühlsam, wie wichtig Trauer für unsere seelische Gesundheit ist und wie wir lernen können, achtsam mit uns selbst und dem Gefühl des Verlusts umzugehen, um schließlich inneren Frieden zu finden und in Liebe zum Verstorbenen weiterzumachen.